广东省陈晓燕名教师工作室
“理趣数学”教学研究系列

U0851009

批判性思维与小学数学教学

PIPAN XING SIWEI YU XIAOXUE SHUXUE JIAOXUE

陈晓燕◎编著

南方日报出版社
NANFANG DAILY PRESS
中国·广州

图书在版编目（CIP）数据

批判性思维与小学数学教学 / 陈晓燕编著． — 广州 ：南方日报出版社， 2022.12
ISBN 978-7-5491-2599-9

Ⅰ．① 批… Ⅱ．① 陈… Ⅲ．①小学数学课—教学研究 Ⅳ．① G623.502

中国版本图书馆 CIP 数据核字（2022）第 167347 号

PIPAN XING SIWEI YU XIAOXUE SHUXUE JIAOXUE

批判性思维与小学数学教学

编　　著：陈晓燕
出版发行：南方日报出版社
地　　址：广州市广州大道中 289 号
出 版 人：周山丹
责任编辑：曹　星
责任校对：阮昌汉
责任技编：王　兰
封面设计：南风生
经　　销：全国新华书店
印　　刷：广州市尚铭印刷股份有限公司
开　　本：787 mm × 1092 mm　1/16
印　　张：13
字　　数：277 千字
版　　次：2022 年 12 月第 1 版
印　　次：2022 年 12 月第 1 次印刷
定　　价：49.00 元

投稿热线：（020）87360640　　读者热线：（020）87363865

在路上

——小学数学教学中融合批判性思维培养的实践探索

提升小学数学教师及学生的思维品质和思维水平，培养善于独立思考、批判质疑，具有理性思维、理性精神的师生一直是我们团队的追求。2016年，我们立项省级课题“小学数学教学中渗透批判性思维培养的实践研究”；2018年，提出“理趣数学”教学主张；2019年，出版《学会思考：小学数学教师批判性思维教程》一书（陈晓燕、于芳合著，吉林大学出版社出版）。2022年，此书与读者见面。期间，我们还出版了《小学数学基本思想方法及其有效教学》（陈晓燕编著，2020年10月于南方日报出版社出版）。

以上，是我们团队关于师生理性精神培养的探索。虽艰难且稚嫩，但我们一直在努力。关于批判性思维的重要性及批判性思维教育的价值和意义，大家都能达成共识，无需赘述。在我和于芳老师合著的《学会思考：小学数学教师批判性思维教程》一书中也有具体阐述。然而，师生的批判性思维水平及批判性思维教育的现状如何？想必没有那么“乐观”的答案。

2016年申报课题立项时，我们选择的研究点是直接指向学生批判性思维培养的课堂教学。课题研究过程中，我们深刻地感受到：“学生之变”首先是“教师之变”。教师如果不具备批判性思维，学生批判性思维培养也就无从谈起，因而才有了我们的第一本书。但我们始终没有忘记：最终目标是学生批判性思维培养。因此，2016年至今，我们一直都在关注和探索小学数学教学中如何落实批判性思维培养。

课例的探索一直在进行中。然而，我们深知：不能停留在散点的课例研究中，需要通过课例研究，发现、总结在学科教学中融入批判性思维培养的更为普遍的问题与对策等。于是，我们尝试从批判性思维的特征、构成要素、思维过程以及小学数学教学特点、教育改革总体理念与要求等方面对所探索的课例进行梳理，试图找寻学科教学中融入批判性思维培养的一般性规律。由此构成了本书上篇——小学数学教学中批判性思维培养框架构建，共四章，分别介绍了批判性思维与数学思维、小学数学教学中批判性思维培养目标、批判性思维培养需要的课堂教学文化以及实现路径。下篇则是更为具体的学科教学案例。案例的整理与撰写，我们侧重学科特定教学内容或特定课型的教学与批判性思维技能具体培养点的对应关系的分析，旨在让读者更清楚地了解小学数学中具体教学内容可融合的批判性思维培养技能及培养策略，共五章，分别为：基于“问题解决”教学的“理解—分析—反思”技能培养、基于“猜想—结论”教学模式的“推理—论证”技能培养、基于“统计与概率”教学的“评估信息”“辨别谬误”技能培养、 基于“提问训练”教学的“质疑—论辩”技能培养、基于“复习讲评”教学的 “评估—反思”技能培养。同时，在具体教学案例及典型课例中，对批判性思维培养点均做出较详细的分析和说明，以帮助读者更清晰、全面地理解教学意图。需特别说明的是：教学案例部分我们以批判性思维技能培养点分析为主，并不是忽略批判性思维品格培养。正如书中多次提到的：在小学阶段，批判性思维教育以培育“意识”、养成习惯为主，即以批判性思维品格培养为主。我们认为：品格和技能的培养是相融的（第 4 章第 1 节）。之所以侧重技能培养点分析，一是第 5—9 章中所列教学内容或课型，与所列技能培养点有更显著的对应关系，读者更易于理解；二是技能点的培养是品格培养的载体，我们希望在技能培养中实现品格培养。当然，以上只是我们的思考，其科学性、合理性有待商榷，欢迎读者朋友批评指正，这也是批判性思维的特点与魅力所在。

本书的完成，团队老师付出了艰辛的劳动。课例研究本身需要较长时间，将一个个课例进行整理、构建写作框架、完成书稿直至正式出版，他们牺牲了无数休息时间。在此，感谢所有参与“教学案例”部分撰写的团队老师，他们分别是：松山湖第一小学教师团队（殷美琴 5.1、5.2，陈静 5.3，何莎 5.4，何薇 5.5）、东城第五小学教师团队（于芳 7.1、7.2、7.4、7.5、8.1、8.2，侯桂娜 8.3、8.4）、大朗镇教师团队（曾娟林 6.1、6.4，曾淑娜 6.2、6.3、6.5，叶巧如 9.1、9.3，陈肖娟 9.2、9.4）。

最后，再一次表达我的兴奋与忐忑之情。坚持“理趣数学”教学研究多年，又一成果与读者见面，是对本人及团队的鞭策和鼓励。但我们深知水平有限，研究也非常粗浅，书中定有错漏及不当之处。我们愿做批判性思维的践行者，恳切盼望读者提出宝贵意见和建议，以促进我们进一步的研究与实践。

陈晓燕

2022 年 12 月

目录 contents

上篇 小学数学教学中批判性思维培养框架构建

下篇 小学数学教学中批判性思维培养教学案例

上 篇

小学数学教学中批判性思维培养框架构建

第 1 章　批判性思维与数学思维

1.1　批判性思维

1.1.1　批判性思维概念辨析

“批判性思维”是英文“critical thinking”的汉译，“critical”一词源于希腊词“kritikos”和“kriterion”，“kritikos”即辨别、判断之意，“kriterion”即标准之意，说明批判性思维是基于标准的、有辨别能力的判断。

批判性思维的思想可以追溯到苏格拉底的“产婆术”甚至更久远的年代，但“批判性思维”这一术语的诞生却是近现代的事情。一般认为，现代批判性思维的概念起源于约翰·杜威（John Dewey），他称批判性思维为“反思性思维”。在其《我们怎样思考》一书中有如下描述：

反思性思维是根据信念或假定的知识形式背后的理由及其指向的进一步结论而对它们进行的主动、持续和细致的思考。①

这里的三个形容词——主动、持续、细致，说明了批判性思维的特征：主动思考、持续思考、全面细致地思考。其次，这一概念明确指出思考的内容是“背后的理由及其指向的进一步结论”，即决定我们相信什么或不相信什么的是拥有的理由及由此得出的结论。杜威关于批判性思维的定义，奠定了当代批判性思维的观念和理论的轨道②。

而目前通用的批判性思维的概念是罗伯特·恩尼斯（Robert Ennis）提出的：

批判性思维是聚焦于决定相信什么或做什么而进行的理性的、反思性的思维。③

“反思性”与杜威的概念一致。“理性的”则指明批判性思维是一种理性思维，理性的含义既是“信念和行动要有理由”，也是“思维要有规则和方法”。此外，恩

① 陈旭．学科融合式批判性思维培养：以语文学科为例 [M]. 上海：学林出版社，2020：18.

② 董毓．批判性思维说明 [EB/OL].[2022-04-08].https://mp.weixin.qq.com/s/Gd5PaIYHIrhtGyblowiwPw.

③ 陈旭．学科融合式批判性思维培养：以语文学科为例 [M]. 上海：学林出版社，2020：19.

尼斯这一概念点明了批判性思维的目的在于“决定我们的信念或行动”，即批判性思维适用于需要解决问题、做出合适决策或行动的地方，做决定是批判性思维的一部分。

此外，还有以下较有影响力的关于批判性思维的概念。

理查德·保罗（Richard Paul）

批判性思维是一种对思维方式进行思考的艺术，该艺术能够优化我们的思维方式。而它包括三个紧密联系、互相影响的阶段：分析思维方式阶段、评估思维方式阶段和提高思维方式阶段。①

保罗将批判性思维看作是“过一种经过审思的生活的艺术”，他把批判性思维通俗地定义为“思考自己的思维以使之更好”。保罗认为，有三种智能构造对批判性思维必不可少：思考元素、理智标准、思维品质。

费舍尔（Alec Fisher）和斯克里文（Michael Scriven）

批判性思维是对观察、交流、信息和论证的有技巧的和主动的解释与评估。②

这一概念将批判性思维的对象从论证扩展到了观察、交流和信息。

范西昂（Peter Facione）等“专家共识”

1990 年，美国哲学学会组织了一次历时两年多、由 46 位批判性思维研究专家参与的批判性思维研究，形成了“专家共识声明”报告，报告中关于“批判性思维”的概念如下：

批判性思维是有目的、反思性的判断，表现为对证据、背景、方法、标准及概念的合理运用和考察，以便决定相信什么或者做什么。③

国内关于批判性思维的研究起步较晚，目前影响较广泛的有谢小庆的“审辩式思维”以及董毓关于批判性思维的观点。

谢小庆认为：

审辩式思维是“不懈质疑、包容异见、力行担责”。其突出特点为：1. 合乎逻辑地论证观点；2. 凭证据讲话；3. 善于提出问题，不懈质疑；4. 反省自身的问题，对异见保持宽容的态度；5. 认识并理解一个命题具有特定的适应范围和概括化范围；6. 直

---

① 保罗，埃尔德．批判性思维工具（原书第 3 版）[M]. 侯玉波，等译．北京：机械工业出版社，2013：1.

② 董毓．批判性思维教育研究 [G]. 上海：上海教育出版社，2021：7.

③ 董毓．批判性思维十讲：从探究实证到开放创新 [M]. 上海：上海教育出版社，2019：7.

面选择、果断决策，勇于为自己的选择承担后果和责任。①

董毓认为：

批判性思维是理性的探究和实证的过程。它由理智品质和高阶思维能力两大部分构成。即它其实是“德育”和“智育”的结合。德育部分，是一组批判理性精神和品德，包括求真、谦虚、谨慎、客观、公正、反省、开放等品质。批判性思维的智育部分，是一组阐明、辨别、分析、推理、判断和发展的高阶思维技能。②

1.1.2 批判性思维的特征

从以上批判性思维概念可知，批判性思维具有以下特征：

◆批判性思维是一种理性思维

批判性思维要求我们无论相信什么、反对什么以及做什么，都要经过自己的思考和审查，要有理有据，不能被动、盲目地接受及行动。这就要求我们做决定前，必须细致、全面地考查，要进行充分的、合理的论证。所以，批判性思维属于理性范畴，“理性不适用的地方批判性思维也不能起作用，或者说不能起主要作用”③。

◆批判性思维是一种主动思维

批判性思维是一种有意识的、改进思维方式的思维，它要求人们主动思考、主动调整，从而不断提高自己的思维水平。“主动”是一种态度，主动意味着积极思考，不被动接受，不轻信、不盲从；主动还意味着创造性思考，即积极构建假设、寻找替代观点、寻求更多可能的解决问题的方法。

◆批判性思维是一种反思性思维

反思性是批判性思维与非批判性思维的重要区别。杜威、恩尼斯在批判性思维的概念阐述中都明确提到“反思性”。所谓反思性，指对他人或自己的整个思考过程进行监控、评估和调试，尤其是对自己的思考过程。当然，反思不仅需要有反思的意识，更需要根据一定的标准和方法进行思考，还要反思这些标准和方法本身。按照杜威的观点，反思即主动、全面、细致地考察，考察的对象是观念、假说背后的根据、推理及其进一步的结论。同时，还包含“设想多种可能性、提出假设和定义，设计替代性

① 谢小庆. 审辩式思维 [M]. 上海：学林出版社，2016：13.

② 董毓. 批判性思维十讲：从探究实证到开放创新 [M]. 上海：上海教育出版社，2019：6.

③ 董毓. 批判性思维原理和方法：走向新的认知和实践 [M]. 北京：高等教育出版社，2010：4.

方案及对替代性方案的评估”①。

1.1.3 批判性思维的构成要素

通常认为，批判性思维由技能和态度（批判性思维技能也称批判性思维能力，批判性思维态度也称思维倾向或思维品格，本书统一称批判性思维技能和批判性思维品格）两部分构成。关于批判性技能和态度的具体构成要素，许多批判性思维学者都有深入研究，其中，恩尼斯、费希万、保罗的研究最为系统和全面。恩尼斯的批判性思维构成要素如下②：

表 1–1 恩尼斯的批判性思维构成要素

批判性思维能力（技能）		批判性思维态度（倾向）
澄清能力	（1）聚焦问题或结论 （2）分析论证 （3）提出并回答问题 （4）界定并辨别定义 （5）明确隐含的假设	（1）澄清：明确问题 （2）关注：关注问题或结论 （3）情境：考虑整个情境 （4）理由：寻找和提出理由 （5）充足：尽力做到充分了解
基础能力	（6）判别资源可靠性 （7）观察和判断观察	（6）替代：寻求替代 （7）精确：寻求与环境相协的精确性
推理能力	（8）演绎和判断演绎 （9）归纳和判断归纳 （10）做出并判别价值判断	（8）自我意识：对自我信念的基础进行反省 （9）开放：仔细考虑别人的观点或理由，而不仅是自己的观点或理由 （10）谨慎：在证据和理由不充足时悬置判断
元认知能力	（11）推测：根据前提、理由、假设等进行虚拟思维 （12）整合：对相关的能力或倾向进行整合	（11）接受：在证据和理由充足时能够采纳或改变自己的立场 （12）运用：运用自己的批判性思维能力
辅助能力	（13）次序：以一种适合于情境的有序方式进行思考 （14）敏感性：对他人的情感、知识水平和复杂程度敏感感知 （15）修辞：在讨论和表达中使用合适的修辞策略 （16）谬误：用合适的方式标识谬误	—

① 董毓．批判性思维十讲：从探究实证到开放创新 [M]. 上海：上海教育出版社，2019：8.

② 陈旭．学科融合式批判性思维培养：以语文学科为例 [M]. 上海：学林出版社，2020：23–24.

费希万将批判性思维分为认知技能维度和态度倾向维度。认知技能维度包括解读、分析、推理、评价、解释、自我监控六要素；态度倾向维度包括谦虚、勇气、换位思考、正直、坚毅、信心、自主等七种态度。具体构成如下[①]：

表 1–2　费希万的批判性思维构成要素

批判性思维认知技能		批判性思维态度倾向	
种类	次级能力	种类	定义
解读	分类 破译含义 澄清意义	谦虚	认识到自己不知道的知识，对自己知道什么和不知道什么有敏锐的判断力
分析	检视观点 识别论证 找出理由和判断	勇气	敢于质疑自己信念的品质
推理	查找证据 推测其他方案 利用归纳推理或演绎推理得出结论	换位思考	要能够包容与自己不同的观点，尤其是强烈反对的观点
评价	评价论断的可信度 评价运用归纳推理或演绎推理进行的论证的质量	正直	对自己和他人使用同样的要求标准（拒绝双重标准）
解释	陈述结果 证明程序 提出论证	坚毅	克服困难和挫折，解决复杂问题的思维品质
自我监控	自我监控 自我更正	对推理的信心	建立在一种信念基础上，这一信念认为给予人们自由推理的机会能够更好地满足人们高层次的需求
		思维自主	坚持理性的标准独立思考

保罗则主要对批判性思维品质构成进行了研究。他认为，理想的批判性思维者的精神品质包含以下几方面：谦虚、勇气、同理心、自主、诚实、坚持、信心、公正。核心是求真、公正和反思。

① 陈旭．学科融合式批判性思维培养：以语文学科为例 [M]. 上海：学林出版社，2020：25.

1.1.4 批判性思维的思考过程

关于批判性思维的思考过程，同样有许多学者进行过研究，这里呈现恩尼斯、图尔敏（Toulmin，S.）、董毓、陈旭的主要模式。

恩尼斯建构了含有六个思维步骤的“FRISCO”批判性思维过程模式①：

表 1–3 恩尼斯“FRISCO”批判性思维过程模式

名称	要点
Focus（关注）	聚焦主要问题和观点
Reason（理由）	鉴别证据的可接受性
Inference（推断）	判别推理的品质
Situation（情境）	考虑论证的情境
Clarity（澄清）	确保语言清楚明确
Overview（纵观）	审视论证的整体性

英国哲学家图尔敏提出由以下六个基本要素构成的批判性思维论证模式②：

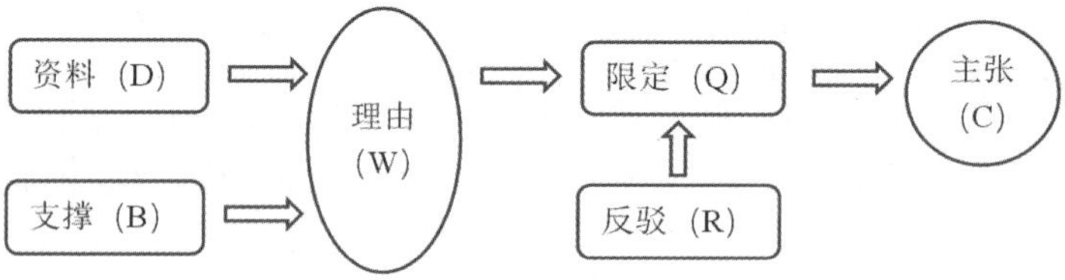

图 1–1 图尔敏论证模式

以上模式中，“主张”即试图证明的结论，“资料”指作为论证基础的事实或根据，“理由”指论证主张的证据和推理，“支撑”即提供对理由的附加支持，“限定”即说明理由对主张担保的程度和范围，“反驳”即阻止从理由得出结论的因素。论证的过程为：资料（D）和支撑（B）共同构成理由（W），在接受反驳（R）后，经过限定（Q）使主张（C）成立。

① 陈旭．学科融合式批判性思维培养：以语文学科为例 [M]. 上海：学林出版社，2020：29.

② 图尔敏．论证的使用 [M]. 谢小庆，王丽，译．北京：北京语言大学出版社，2016：V.（有改动）

董毓团队常用以下批判性思维路线图来概括批判性思维的要素和过程[①]：

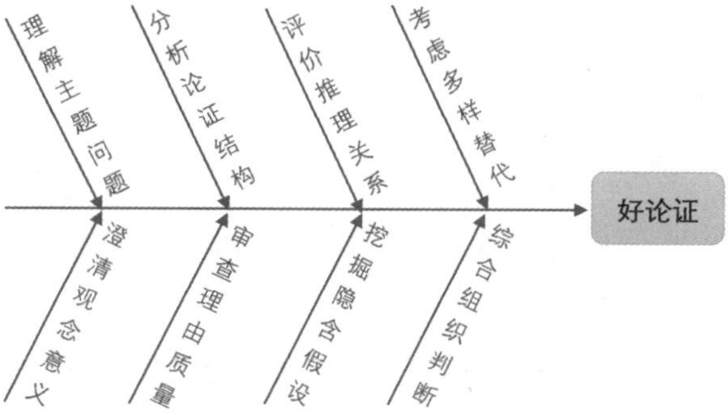

图 1–2　董毓团队批判性思维路线图

陈旭则在综合恩尼斯、图尔敏、费舍尔等关于批判性思维过程的分析基础上，围绕“做出一个好的论证”所经历的思维过程，构建了以下批判性思维过程路线图[②]：

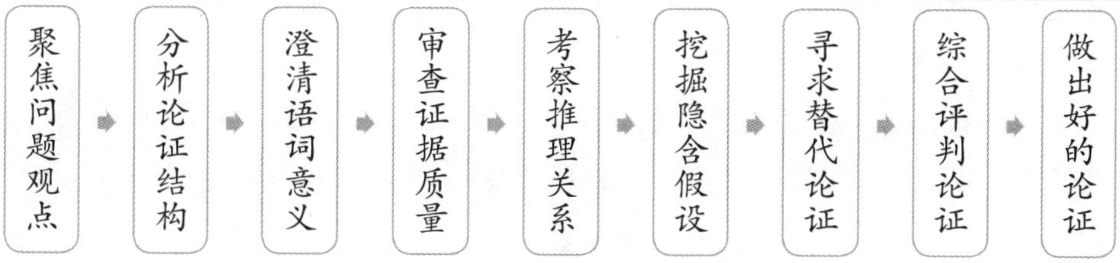

图 1–3　批判性思维过程路线图

以上无论哪种思维过程或论证模式，都说明批判性思维是“为了达到好的认知、求解或决策而试图全面探索（反思）和合理评估”。需要指出的是：以上思维过程，不仅是分析和评价别人的论证时要做的事情，也是构建自己的论证所要完成的工作。此外，按照以上过程进行思考，有助于形成批判性思维，但批判性思维水平如何，还需要不断提升思维标准。关于思维标准，普遍认可的是保罗的“批判性思维理智标准”，包括：清晰性、准确性、精确性、相关性、显著性、深度、广度、逻辑性、公正性、完整性。

1.2　数学思维

数学为人们提供了一种理解与解释现实世界的思考方式，数学在形成人的理性思

① 董毓．批判性思维说明 [EB/OL].[2022–04–08].https://mp.weixin.qq.com/s/Gd5PaIYHIrhtGyblowiwPw.

② 陈旭．学科融合式批判性思维培养：以语文学科为例 [M]. 上海：学林出版社，2020：33.

维、科学精神和促进个人智力发展中发挥着不可替代的作用。①

1.2.1 数学思维的含义

数学思维的含义非常广泛。总体而言，它是基于数学对象的思维活动，是人脑和数学对象（空间形式、数量关系、结构关系）交互作用并按照一般思维规律认识数学内容的内在理性活动。② 它既有一般思维的共性，也有学科思维的特殊性。其特殊性主要是：思维对象为数学内容。

实际上，我们通常所说的数学思维培养，指的是数学思维能力的培养。关于数学思维能力，数学教育发展的不同阶段有不同要求。张奠宙先生认为：数学思维能力包括常规数学思维能力和数学创新能力。其中，常规数学思维能力包括：数形感觉与判断能力、数据收集与分析、几何直观和空间想象、数学表示和数学建模、数学运算和数学变换、归纳猜想与合情推理、逻辑思考与演绎证明、数学联结与数学洞察、数学计算与算法设计、理性思维与构建体系。③

就小学阶段而言，最新颁布的《义务教育数学课程标准（2022年版）》[以下简称《课标（2022）》]提出核心素养培养，并将核心素养具体阐述为“三会”：会用数学的眼光观察现实世界、会用数学的思维思考现实世界、会用数学的语言表达现实世界。其中指出，数学思维主要表现为“运算能力、推理意识”，运算能力有助于形成规范化思考问题的品质，养成一丝不苟、严谨求实的科学态度。推理意识有助于养成讲道理、有条理的思维习惯。④

我们认为：相较《课标（2022）》中数学思维主要表现的界定，小学阶段数学思维的含义应更广泛，抽象能力（数感、量感、符号意识）、运算能力、几何直观、空间想象能力、推理能力、数据意识、模型意识等都属于数学思维范畴。

1.2.2 数学思维的特点

数学思维是一种理性思维。数学思维具有理性思维的特点，同时与数学学科本身

---

① 中华人民共和国教育部．义务教育数学课程标准（2022年版）[M]. 北京：北京师范大学出版社，2022：1.

② 宁锐．发展学生数学思维灵活性的教学研究 [D]. 上海：华东师范大学，2017：21.

③ 张奠宙．“与时俱进”谈数学能力 [J]. 数学教学，2002（2）：7−9.

④ 中华人民共和国教育部．义务教育数学课程标准（2022年版）[M]. 北京：北京师范大学出版社，2022：5−9.

的特点相关。

◆抽象性

抽象是思维的基础。数学在本质上研究的是抽象的东西。数学概念的得出，数学定理的总结，数学规律的概括，都要经历抽象的过程。《课标（2022）》指出："数学源于对现实世界的抽象，通过对数量和数量关系的抽象、图形和图形关系的抽象，得到数学的研究对象及其关系；基于抽象结构，通过对研究对象的符号运算、形式推理、模型构建等，形成数学的结论和方法，帮助人们认识、理解和表达现实世界的本质、关系和规律。"① 可见，抽象不仅是数学思维的基本特征，也是学生通过数学学习应具备的核心素养。

◆严谨性

严谨是数学思维的重要特征，也是数学思维的基本要求。数学具有严密的符号系统，独特的公式结构。一个数学结论的得出，需要经过反复的推理和论证。数学结论的表述必须精密、准确。数学解答过程更是要求学生自觉使用分析与综合、归纳与演绎、假设与类比、特殊与一般、直观与想象等方法，做到全面、严谨地思考。此外，这种严谨不仅体现在数学解答的过程中，还包括语言、符号的规范性、准确性等。

◆逻辑性

数学是逻辑性很强的一门学科。一方面，数学自身有严密的逻辑体系；另一方面，数学研究的对象、主要数学事实等都经历严谨的逻辑证明。数学公理、概念、定理、法则、规律的得出，广泛应用了逻辑判断和推理，其论证过程具有高度的逻辑性和严谨性。因此，人们通常认为：数学学习有助于培养学生的逻辑思维能力。

◆客观性

客观性是相对主观性而言。虽然，对于数学是客观的还是主观的，学界有不同观点，但数学的研究对象是数量关系和空间形式，是对现实世界的抽象，是客观存在的。数学的概念、定理、公式、法则都源于客观现实世界，数学结论被证明是经受了人类长期实践检验的客观真理。例如，数字（或者说"数"）是人类基于客观事物的数量而概括总结出来的一套符号系统，虽然数字符号是人类主观定义的，但其反映的客观事物的量的多少是一种客观存在。此外，这里的客观性主要指数学的推理、论证遵循严

---

① 中华人民共和国教育部．义务教育数学课程标准（2022 年版）[M]. 北京：北京师范大学出版社，2022：1.

密的逻辑系统，数学知识、数学结论具有唯一性、对错分明，不因人的主观意志而改变，即数学思维过程与结果具有真实性和客观性。

◆**科学性**

数学思维的科学性体现在数学的抽象性、逻辑严密性。如前所说，任何数学结论，必须严格按照正确的推理规则，根据数学中已经证明和确认的正确的结论（公理、定理、定律、法则、公式等），经过逻辑推理得到，不能有丝毫的主观臆断性。数学的严谨性是数学作为一门科学的要求和保证。学习数学，可以让人养成严谨、客观、求真等思维品质。

1.2.3　数学思维的教育价值

发展学生的数学思维，目的在于让学生学会数学地思考，成为思维清晰、严谨、灵活、深刻的个体，同时，养成独立思考、辩证思考、自我反思的习惯，成为具有理性思维、科学精神的人。

1.3　批判性思维与数学思维

1.3.1　两者均属于理性思维

理性思维是一种建立在证据和逻辑推理基础上的思维方式，有严谨求真的认知态度，有明确的思维方向，有充分的思维依据，能对事物或问题进行观察、比较、分析、综合、抽象与概括。其特点是：崇尚真知，尊重事实，讲求实证，逻辑清晰，善于反思等。参照前两节关于批判性思维和数学思维的分析，足见两者都属于理性思维，这想必也已是大家的共识。

1.3.2　批判性思维是一种通用素养，数学思维属于学科素养

在《面向未来：21世纪核心素养教育的全球经验》研究报告中，数学素养属于领域素养中的基础领域，批判性思维属于通用素养中的高阶认知。所谓领域素养，即与某个特定的领域有关的素养。显然，数学素养与数学领域相关，是学生在数学学习过程中形成的数学眼光、数学思维、数学语言。因此，数学思维是数学学科特有的，只有通过数学学习才能逐步形成。所谓通用素养，即超越特定领域，普遍适用、普遍需要。显然，批判性思维相对数学思维而言，更具通用性、普适性，其培养的途径也更广泛，仅就教育场域而言，各学科均可开展批判性思维教育，亦可开设独立的批判性思维课

程进行专门培养。

1.3.3 批判性思维与数学思维相互促进

在数学学习中培养学生的批判性思维，一方面，可以进一步促进数学思维的发展。开展批判性思考，需要有“开放、求真、公正、客观”等思维品质以及“阅读、理解、分析、判断、推理、评价、反思”等思维技能，这些品质和技能将促进数学高阶思维的发展。另一方面，数学思维抽象、严谨、清晰、准确、客观、逻辑性强等特点同时也是批判性思维的重要特质，数学中的分析、推理、判断等是批判性思维技能的重要方面。因此，批判性思维与数学思维，在数学学习中，是互相促进、相得益彰的关系。

第 2 章　小学数学教学中批判性思维培养目标

2.1　关于批判性思维教育

关于批判性思维及其教学的研究，在西方已有一百多年的历史，20 世纪七八十年代以来，更是掀起了批判性思维教育运动的热潮，一直延续至今。国内批判性思维教育的研究起步较晚，但近年来得到重视与关注，越来越多的教育者加入到批判性思维教育研究中，其研究也从最初的主要集中在高等教育领域，到目前基础教育领域也呈高位增长的趋势，但基础教育领域研究的关注点主要在批判性思维培养如何与学科教学结合，我们的研究亦如此。

2.1.1　关于批判性思维的可教性

批判性思维是否可教？现在的我们不言自明。但最初，这一问题引起过许多知名批判性思维学者的论争。

多数研究者认为，批判性思维技能是可以教的，关键是选择适当的教学途径和方法。例如，恩尼斯等学者认为，存在着一般性的批判性思维技能，可以不依赖具体学科单独存在，可以通过开设独立的批判性思维课程习得；梅可派克则恰恰相反，他认为批判性思维不是一种“普遍性的能力或通用能力”，批判性思维在整体上与各个学科领域的具体知识与信息联系在一起，因此不能作为一门独立的学习科目，应该与学科教学融合，作为学科教学的有机组成部分。以上无论是“独立教学”还是“学科融合”，讨论的前提是“批判性思维技能是可教的”。

关于批判性思维品格是否能教则没有相对统一的共识，部分研究者认为：既然批判性思维技能可教，那么经过较长时间技能的训练，思维的品质也会发生改变，说明批判性思维品格也是可教的。比如：董毓就明确提出，批判性思维是德育和智育的结合，在小学阶段，批判性思维教育以培育“意识”、养成习惯为主。这里的“培育‘意识’，养成习惯”即批判性思维品格。

2.1.2　批判性思维教育的价值与内容

谈论批判性思维教育，其前提是：（1）不同个体之间的批判性思维水平存在差异，且这种差异不会单纯随着年龄的增长而变化；（2）批判性思维可以习得，即可教；（3）恰当的批判性思维教育有利于提高学生的批判性思维能力。

关于批判性思维教育的价值和意义，在项目组第一本专著——《学会思考：小学数学教师批判性思维教程》第二章有独立的阐述，在此，就主要观点做强调和补充。

（1）从社会角度：批判性思维能促进人们理性思考，促进社会民主和谐。

批判性思维让人们学会分析和选择，不轻信与盲从、不自以为是，能客观、公正、多角度看问题，能包容异见，从而理性看待自己和他人的行为，理解、善待自己和他人，促进社会和谐。

（2）从学校教育角度：批判性思维能促进学生高阶思维和创新能力发展，促进学生学科学习，提升学生问题解决能力。

关于批判性思维教育的内容，就大的方面而言，即品格培养和技能训练。品格方面主要包括：①开放、求真、理性、谨慎、仔细思考、文明讨论的意识和态度；②主动求知、提问和探究的意识和习惯；③多样化思考、有意寻求不同思路、对信息 / 理由有仔细鉴别和评估的意识和习惯；④公正、辩证看待不同于自己的观点以及自我调整的习惯；⑤敢于质疑、不过于依赖书本和权威的意识；⑥认真、持续追求最佳方案的态度等。技能方面则主要有：阅读理解、分析、判断、推理、论证、评价、阐释、反思等。

2.1.3　批判性思维培养的主要方式

学校场域内的批判性思维培养方式主要有三种：一是通过设置专门的批判性思维课程进行系统、独立式培养；二是与学科教学结合进行融合式培养；三是介于两者之间，既有独立课程，又在学科教学中渗透的混合式培养。当前，由于中小学课程设置总体规定（国家和地方课程均没有涉及批判性思维课程）及大多数学校校本课程开设实际情况，批判性思维培养以学科融合式培养为主要方式。

将批判性思维培养与学科教学相结合，一方面可以实现批判性思维培养目标，另一方面不需改变学校课程体系。并且，这一做法可以在任何学科教学中实现，因而，此种培养方式是当前最通行、最受一线教师喜欢的方式。

2.2 小学数学教学中的批判性思维培养

讨论小学数学教学中的批判性思维培养，其前提是：（1）学校场域下，学生批判性思维培养主要是通过教学实现的；（2）我们采用的教学方式是学科融合式。因此，本节重点讨论以下三方面内容：（1）批判性思维培养与学科教学的关系是什么？（2）学科融合式培养中，影响学生批判性思维发展的教学因素有哪些？（3）小学数学教学中，批判性思维培养的主要内容是什么？

2.2.1 批判性思维培养与小学数学教学的关系

◆批判性思维培养是学科课程目标之一

《课标（2022）》明确提出“确立核心素养导向的课程目标”，批判性思维是核心素养的重要组成部分。《面向未来：21 世纪核心素养教育的全球经验》报告中，批判性思维属于“通用素养”的“高阶认知”维度；《中国学生发展核心素养》中，“批判质疑”是核心素养 18 个要点之一。同时，根据布鲁姆的目标分类理论，批判性思维属于高阶思维，小学数学教育的重要目标之一是促进学生高阶思维能力的发展。因此，《课标（2022）》在“总目标”中明确指出“通过义务教育阶段的数学学习……形成质疑问难、自我反思和勇于探索的科学精神”①。其中，质疑问难、自我反思、勇于探索都是批判性思维的重要特征。

◆批判性思维培养与小学数学教学相辅相成、相互促进

以核心素养培养为目标的学科教学，本身意味着批判性思维培养要贯穿在整个教学过程中。这就迫使学科教师重新思考：教学目标的定位、教学内容的选择、教学方式的重构以及批判性思维在学科教学中进行培养的有效路径和策略，等等。这种思考以及由此带来的教学改变，不仅促进批判性思维培养，也实现学科课程教学的变革和发展。

例如：就教学内容而言，显然，小学数学教学内容充当了培养批判性思维的载体。

① 中华人民共和国教育部．义务教育数学课程标准（2022 年版）[M]. 北京：北京师范大学出版社，2022：11.

那么，学科教学内容如何有效组织，才能更好地促进学生批判性思维培养。这里涉及内容的呈现、问题或任务的设计、学习活动的设计、教学策略等问题。如同样是《平行与垂直》一课的教学，教学内容是一致的，但教学过程中对内容的不同设计、组织和呈现，则会有完全不同的教学效果。如果定位为对“平行”与“垂直”概念的记忆和基础性理解，课堂上则几乎没有批判性思维培养。如果设计成以下大问题，用任务驱动的方式教学，则不仅落实学科教学目标，也培养了学生高阶思维和批判性思维。

教学案例：平行与垂直①

核心任务一：

1. 画两条直线，画之前先讨论：直线有什么特点？

2. 找一找，你画的是否有不属于以下情况的？

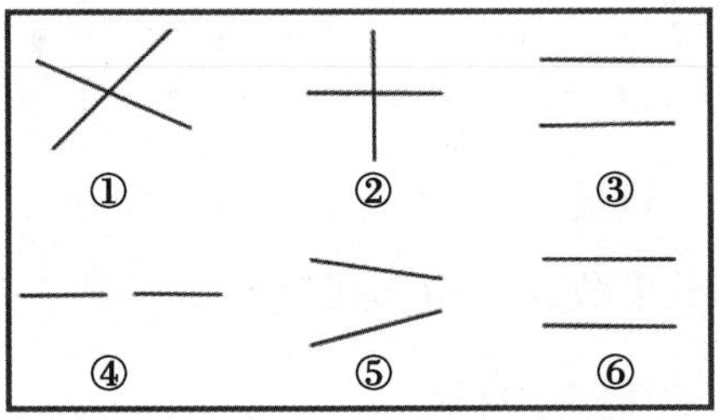

核心任务二：

将①、②、③、⑤、⑥分成两类，可以怎样分？

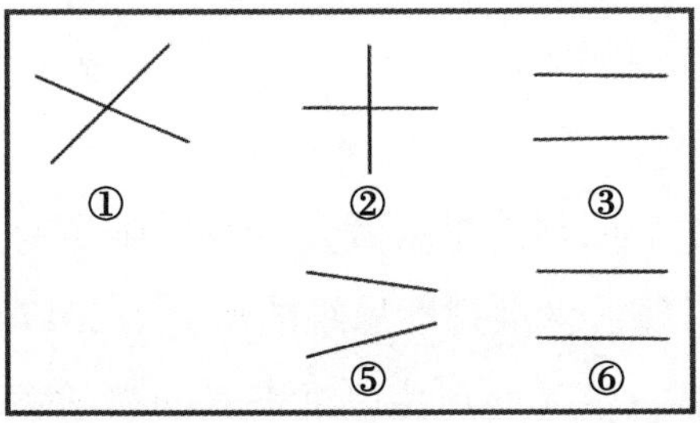

核心任务三：

①、②、⑤哪个比较特殊？哪一个比较有数学价值？

任务四和五：

自学垂直的定义：

1. 你有什么不明白的地方？

---

① 课例设计与执教：王圣昌．课题原名《直线间的关系》．

2. 找一找，学习单上的 2 号有几个直角？并做上垂直的符号。

自学平行的定义：

说一说：根据定义，判断两条线平行，有哪些关键点？

核心任务六：

③号到底属于哪一类？你要如何判断？

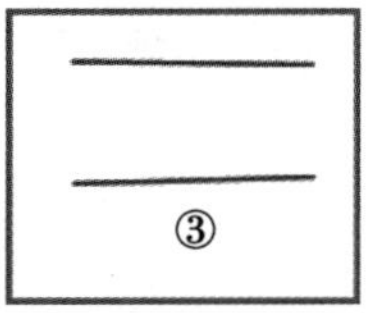

【案例分析】以上课例，教师以4个能引发学生深度参与和深度思考的核心任务（任务四和五非核心任务）为教学内容串起整节课的学习活动，学生在完成每一个任务时，都需要使用“分析”“判断”“评价”“阐释”等高阶思维。在这样不断地思考、对话、修正和完善已有认知、构建新的认知的过程中，学生既达成了对两条直线位置关系（同一平面内）及平行、垂直概念的深刻理解，又发展了高阶思维和批判性思维。由此可见，批判性思维培养与学科教学是相互融合、相互促进的。

2.2.2　小学数学教学中批判性思维培养的影响因素

清楚了批判性思维与学科教学的关系，知晓了小学数学教学中融合批判性思维培养的重要性、必要性和可行性。那么，需要思考的另一个问题是：当前的小学数学教学，对开展学科融合式批判性思维培养有哪些不利的影响因素？

◆教师自身批判性思维缺失

就批判性思维教育而言，首先要求教师是一个批判性思维者，只有教师自身具有较强的批判性思维水平，才能期望通过其教学实现学生批判性思维的培养。2017 年，我们对小学数学教师批判性思维水平及其在教学中渗透批判性思维培养的教学意识进行了调查。结果显示：小学数学教师批判性思维倾向大多处于“一般”水平，批判性思维技能普遍低，80% 的教师处于“较低”和“一般”水平，其中，“论证中的谬误鉴别技能”得分率最低，仅 40.87%，“非演绎论证技能”为 47.38%，“演绎论证技能”为 51.05%，“可信性判断技能”为 69.13%。[①]

① 陈晓燕，于芳．学会思考：小学数学教师批判性思维教程 [M]. 长春：吉林大学出版社，2019：29−46.

教师自身批判性思维缺失，导致在教学中既没有培养学生批判性思维的意识，也缺乏对学生进行批判性思维培养的能力，直接影响着学生批判性思维的培养。

◆教学设计缺乏批判性思维培养意识

一是教学目标的描述，不仅没有明确的批判性思维培养目标（这一点与批判性思维教育在我国基础教育整体重视程度不够有关），连指向高阶思维培养的教学目标都较少出现，学生思维能力培养多停留在低阶水平。

二是教学过程及活动的设计，仍侧重于数学知识传授和技能的训练，虽然“四基”“四能”已提出十多年，“核心素养”目标也明确写进了《课标（2022）》，但在一线教师的教学设计中，学习活动设计更多的是形式大于实质：任务封闭、预设充分、学生探索空间小，不需太多深度思考、且以学生浅层次参与为主。甚至部分教学设计，其教学过程仍然是教师讲授、学生被动听，教与学的方式并没有发生根本性变化。这样的教学设计，别说落实批判性思维培养，数学学科自身的教学目标都难以达成。

◆课堂教学以“教师讲、学生听”为主，缺乏批判性思维培养场域

（1）问题 / 任务的开放程度不足且思维含量偏低

课堂上，数学问题或任务的类型和质量，直接影响着学生参与学习的思维水平以及课堂合作、对话及互动的程度。

当前小学数学课堂，教师预设性问题多、生成性问题少；要求学生提供“唯一”答案的问题多，允许学生个性化思考的开放性问题少；要求学生复述数学概念、定义、法则、结论之类的“记忆性问题”多，强调分析或建构数学概念及建立联系的“做数学联结的问题”少；要求学生浅层思考、简单操作的任务多，能驱动学生深度思考的“低门槛、大空间、多层次”的开放性任务少……

（2）教学方式封闭、单一，学生主体性难以实现

首先，教师在课堂中占有绝对话语权。大多数小学数学课堂，教学过程中“谁来说”“什么时候说”“说什么”“怎么说”都由教师决定和控制。学生几乎没有主动引发话语的机会，只能被动应答。

其次，教师倾听与回应学生时更多地关注自身的教，鲜少关注学生的学。

课堂上，教师对学生数学想法的倾听与回应方式一定程度决定着学生参与数学思考的深度。当前小学数学课堂，教师基本以评价性倾听（倾听时作“对”“错”等简单评价）和解释性倾听（倾听时对学生想法作出解释）为主，部分教师在课堂上会对

学生的想法进行追问，但追问中对学生特定想法的关注比较少，多表现为一般性追问和试探性追问，带有较浓重的“引导性”和“预设性”色彩，这种倾听与回应方式更多地关注学生的回答是不是教师所期望的答案。① 其实质是：教学仍以教师为中心，教师只关注学生的回答是否符合预设，是否有利于其预设的教学内容的完成或预设的教学计划的推进，并没有真正意义上的合作、互动和对话。

以上课堂形态，学生较少有真正思考、深度思考、展示想法、表达观点、互相讨论、质疑问难的机会，批判性思维的培养在这样的课堂教学中也就无从谈起。

当然，小学数学教学中渗透批判性思维培养的影响因素还有很多，以上仅从实施主体（教师）和实施场域（课堂）两个关键影响因素做简要分析，以帮助我们理清和构建有利于学科融合式培养的小学数学课堂形态以及教师培训相关内容和关注点，其他影响因素暂未讨论。此外，关于批判性思维培养需要的课堂形态及实施策略与路径，将在本书第三、四章及五至九章培养案例中逐一讨论。

2.2.3　小学数学教学中批判性思维培养的主要内容

前面谈到批判性思维教育主要有两方面的内容：品格培养和技能训练。且董毓教授指出：“基础教育的批判性思维教育，要态度和技能结合，但应以培养开放理性精神为首，以培育探究、求真、公正、反思、开放、谨慎、仔细等理智习性为重。”② 小学数学教学中融合批判性思维培养，既要遵循批判性思维教育的一般规律，还要立足于学科教学实际，将批判性思维培养融入到学科教学中。基于以上分析和思考，在对批判性思维品格和技能系统分析基础上，结合学科教学实际，我们确定“两维度十六要素三十个表征”的学科融合式批判性思维培养内容：“两维度”指批判性思维品格和批判性思维技能，每个维度下设置八个要素，其中，批判性思维品格包括“自主、开放、公正、求真、谨慎、坚持、反思意识、怀疑精神”，批判性思维技能包括“理解、分析、推理、评价、提问、阐释、文明讨论、自我监控”。每个维度八要素分别对应数学学习中的 15 个具体表征，详细内容见表 2–1。

① 刘兰英. 小学数学课堂师生对话的特征分析 [D]. 上海：华东师范大学，2012：145−153.

② 董毓. 批判性思维教育研究.2021 年. 第 1 辑 [M]. 上海：上海教育出版社，2021:129.

表 2–1　小学数学教学中批判性思维培养内容体系

维度	要素	数学学习中的具体表征
批判性思维品格	自主	1. 有好奇心，能主动学习，主动思考，好学好问 2. 独立思考，不盲从
	开放	3. 意识到解决问题的方法具有多样性 4. 愿意聆听和接受不同的意见和想法，善于向“异见者”学习 5. 能多角度思考，发散性思考
	公正	6. 对所有同学的观点和看法能一视同仁 7. 对自己和同伴能使用同样的标准进行分析和评价
	求真	8. 尊重事实和规律，思维严谨，讲求证据 9. 有执着追求真理、探寻真相的信念，不懈质疑和探索
	谨慎	10. 谨慎断言，知道讲道理、下判断要有理由 11. 有全面收集和考察信息、结论、方法的意识
	坚持	12. 遇到问题和困难不轻易放弃，能不懈努力
	反思意识	13. 自觉对自己和他人的数学学习进行“再思考”，及时总结经验
	怀疑精神	14. 能主动审视自己和他人的数学观点、方法、结论、理由等，保持对其可能出现错误的警觉性 15. 不盲从和迷信书本、老师和优秀同学，勇于挑战已有结论
批判性思维技能	理解	1. 明确数学问题中的信息、问题、可用资源及彼此之间的关联 2. 能较快速地概括、理解他人的数学观点、方法、结论、理由等
	分析	3. 掌握分析的基本方法和策略，如：分析法、综合法、数形结合、画图、列表、几何直观、思维导图等 4. 能用合适的方法和策略表征所分析的数学问题
	推理	5. 有推理意识，初步了解归纳推理和演绎推理，能根据具体问题选择合适的方法进行推理、阐释和证明 6. 能清楚、准确地阐明自己或他人的数学观点及结论形成的依据 7. 思维严谨、条理清晰、逻辑性强
	评价	8. 能综合多种信息，对多种观点、结论、方法等进行比较，评估其优劣，作出合理的判断
	提问	9. 能提出疑问并清晰表达自己的问题 10. 对他人的数学思考敢于追问
	阐释	11. 清晰、具体、有条理地表达自己的观点和想法
	文明讨论	12. 保障每个人都有均等的发言机会，尊重每个人的想法 13. 遵守讨论规则，认真倾听、合理质疑、清晰表达
	自我监控	14. 自觉调控思维进程，有意识地评价、反思选用的方法和策略，能在反思基础上寻找新的方法和策略 15. 自觉对学习结果进行检验，善于发现和纠正错误

需特别指出的是：小学数学中的批判性思维，目的不在于推翻已有结论（实际也不可能推翻，因为小学数学学习内容都是已经被证明了的基本事实、概念、定义、原理、法则等），也不仅仅针对错误的结论和答案，更重要的是对学习过程、思维过程及其结果做批判性思考，形成良好的思维习惯，从而促进核心素养的发展。

2.3 小学数学教学中批判性思维品格培养目标

为了让一线数学教师更有针对性地在各学段教学中落实学生批判性思维的培养，我们尝试依《课标（2022）》中小学三个学段的划分方式，分别列出各学段批判性思维品格和技能培养目标，以期对有意愿开展学科融合式批判性思维培养的老师们有所帮助。需说明的是：各学段培养目标的确定仅基于我们的思考和实践，其合理性有待进一步修正和完善。我们非常期待大家提供有益的经验和建议。

表 2–2 小学数学教学中各学段批判性思维品格培养目标

学段	批判性思维品格要素	培养目标
第一学段（1—2年级）	自主	有好奇心，能参与数学学习活动，爱提问，初步形成独立思考的习惯
	开放	意识到有些问题有多种解答方法，解决问题时有初步的寻求多种方法的意识； 愿意表达自己的想法； 有虚心的品格，能认真倾听同伴的意见和想法，愿意接受他人意见和建议
	公正	没有偏见，对自己和同伴能用同样的标准
	求真	能真实表达自己的想法； 知道说话、做判断、下结论要讲清道理和理由； 有初步的考查信息 / 理由是否真实的意识
	谨慎	有“查一下”“想一下”之后再相信的意识
	坚持	能在他人帮助下克服困难，感受数学学习活动中的成功
	反思意识	初步养成“回头看”和检查的习惯
	怀疑精神	意识到书本、老师也可能出错； 不迷信书本、老师和优秀同学，敢于提问和质疑

（续表）

学段	批判性思维品格要素	培养目标
第二学段（3—4年级）	自主	有求知欲，愿意参与数学学习活动，爱提问，能独立思考
	开放	意识到解决问题的方法是多样的，初步形成寻求多种方法解决问题的习惯； 有主动表达自己想法、认真倾听他人意见和想法的习惯； 愿意接受和自己意见不一致的观点和想法，善于向优秀同学和与自己不同想法的同学学习
	公正	对所有同学能一视同仁； 对讨论的问题能坚持用一样的标准进行分析
	求真	有真实表达自己想法的习惯； 养成说话、做判断、下结论要讲清道理和理由的习惯； 有初步的考查信息/理由是否真实的习惯
	谨慎	有下结论需要先判断信息/证据/理由是否可靠的意识； 有尽可能全面收集信息的习惯
	坚持	能在他人的鼓励和引导下，克服困难，体验解决问题的成就
	反思意识	形成对自己和他人的学习及时回顾、检查、反思的习惯
	怀疑精神	不迷信权威，有“权威也可能出错”的警觉性，敢于质疑
第三学段（5—6年级）	自主	有好奇心和求知欲，能主动参与数学学习活动，主动思考、主动探索
	开放	知道解决问题的方法是多样的，养成“是否还有别的不同思路/解答方法”的思维习惯，能以多样化的方式学习； 有主动表达自己想法，认真倾听他人意见和想法的习惯； 谦虚的品格，乐于向他人学习，善于向“异见者”学习
	公正	对自己和他人能一视同仁； 能公平对待不同方法/结论/想法，在客观分析、比较的基础上获得合理答案
	求真	有尊重事实、追求真理、探寻真相的信念； 有讲求证据的意识
	谨慎	知道做判断、下结论需要先评估信息/证据/理由是否可靠； 有寻求和对比不同观点/想法，并比较其优缺点的意识； 能从不同视角思考/辨别自己和同伴的观点/想法
	坚持	能克服困难，持续思考，在探寻最优方案解决问题的过程中，体验成功的乐趣
	反思意识	自觉对自己和他人的学习进行“再思考”，及时总结经验
	怀疑精神	能主动审视自己和他人的观点、方法、结论、理由等，保持对其可能出现错误的警觉性； 不迷信权威，敢于质疑，勇于挑战已有结论

2.4 小学数学教学中批判性思维技能培养目标

相对批判性思维品格而言，批判性思维技能培养与学科学习内容的关联性更强，其学段培养目标需依据学段具体学习内容制定，而学段数学学习内容因教材版本不同存在一定差异，且《课标（2022）》教材目前尚未出版。因此，我们关于批判性思维技能学段培养目标的确定，主要参照东莞市当前使用的人教版义务教育教科书 1—12 册中的学习内容。

表 2–3 小学数学教学中各学段批判性思维技能培养目标

学段	批判性思维技能要素	培养目标
第一学段（1—2 年级）	理解	能理解问题情境，读懂简单的文字、图文、图表所表达的信息，明确要解决的问题； 能找到信息与问题之间的关联，提取有效信息，辨别多余信息； 合作交流时，能听懂同伴的表达
	分析	了解分析法、综合法、画图、直观操作等分析问题的方法，能用直观的方式整理、表征稍复杂的信息及自己的想法； 合作交流时，有探寻同伴“怎样想的”“为什么这样想”的意识
	推理	有推理论证的意识，习惯“因为……所以”的表达； 能进行简单推理； 能条理清晰地解释自己的简单推理过程
	评价	能初步对自己和同伴的答案、想法做出简单的评价
	提问	有提问的意识，能清晰、明确地提出较简单的问题
	阐释	能清楚表达自己的想法和理由
	文明讨论	遵守讨论的规则，能认真倾听他人的发言，能主动表达观点和想法，不抢话
	自我监控	初步养成检查的习惯，能对答案的正确性进行审查修正； 能反思解答过程，总结解答经验

（续表）

学段	批判性思维技能要素	培养目标
第二学段（3—4 年级）	理解	能理解稍复杂的问题情境，读懂稍复杂的文字、图文、图表中的信息，能准确关联问题和信息； 能读懂隐藏信息，提取有效信息，辨别多余信息； 合作交流时，能听懂同伴的表达
	分析	初步掌握分析的方法：观察、比较、概括、分析法、综合法、数形结合、几何直观、画图、列表等； 能够选择合适的策略分析和表征信息与问题及自己的想法； 合作交流时，能主动分析同伴的想法
	推理	初步经历归纳推理、演绎推理的思维过程，能进行简单的推理； 能对自己的想法、解答过程提供合理依据； 能有条理、有逻辑地表达自己的推理过程
	评价	能对自己和同伴的答案、想法做出合理的评价
	提问	能发现和提出问题，能清晰表达自己所提问题； 能对同伴的答案、想法进行追问
	阐释	能清晰、有条理地解释自己的观点和想法
	文明讨论	遵守讨论的规则，保障每个成员有均等的发言机会； 能认真倾听他人的发言，尊重他人的想法； 能主动表达观点和想法，不抢话； 能在讨论中修正、完善个人的思考，形成一定的共识
	自我监控	养成检查的习惯，能对答案的正确性及解答过程进行审查，修正答案，总结、迁移解答策略； 初步养成反省的习惯，对自己和同伴的学习方法及时总结反思，积累学习的经验

（续表）

学段	批判性思维技能要素	培养目标
第三学段（5—6年级）	理解	能理解复杂的问题情境，读懂复杂的文字、图文、图表中的信息，能准确关联问题和信息； 能剥离真实情境中的非数学信息，对问题和信息进行数学化加工； 合作交流时，能听懂同伴的表达，并能较快速地概括其表达的主要观点/结论/想法
	分析	掌握分析的方法：观察、比较、分析、概括、分析法、综合法、数形结合、几何直观、画图、列表等； 能用合适的方法和策略分析和表征所要解决的问题及自己的想法； 合作交流时，能主动分析同伴的想法
	推理	进一步了解归纳推理、演绎推理，经历类比推理、统计推断、枚举等推理方法的思维过程，能根据讨论的问题选择合适的推理方法进行推理； 能准确、清楚地阐明自己或他人的答案、结论形成的依据； 思维严谨、条理清晰、逻辑性强
	评价	能综合多种信息，对自己和同伴不同的观点、结论、想法进行比较，评估其优劣，做出合理判断
	提问	能发现和提出问题，能准确、清晰、简洁地表达自己的问题；能对同伴的答案、想法进行追问
	阐释	能清晰、具体、有条理地阐释自己的观点和想法
	文明讨论	遵守讨论的规则，养成文明讨论的良好习惯； 能认真倾听他人的发言，尊重他人的想法； 能主动、清晰地表达自己的观点和想法； 能在讨论中修正、完善每个人的思考，形成结论和共识
	自我监控	自觉检查答案的正确性及解答过程的合理性，及时修正答案，迁移方法； 自觉反思自己和同伴的学习和思考，积累学习的经验、思考的经验

第 3 章　批判性思维培养需要的课堂文化

课堂文化反映的是课堂教学的文化质态，是师生在教学活动中表现出来的人际关系、行为方式、思维方式和价值取向的总和。它参与所有的教学活动并深刻影响学生当下及今后的精神生活品质。

课堂文化有多种类型，比如：权威控制型、民主对话型、批评漠视型、尊重赏识型[①]……不同的课堂文化类型，折射出不同的课堂生态、师生关系以及教与学的方式。权威控制型往往对应着“教师讲、学生听”的被动接受型学习方式；民主对话型则更多表现为“合作交流”型学习；批评模式型往往师生关系冷漠，课堂少互动，师生、生生之间无合作交流；尊重赏识型则师生、生生关系融洽，学生敢于表达自己的想法。

本章讨论批判性思维培养需要的课堂文化，旨在说明开展批判性思维需要怎样的课堂环境、人际关系（师生、生生关系）、教与学的方式等。批判性思维培养需要学生勇于怀疑、谨慎思考、大胆表达，需要在强调学生参与、建构和开放探索的场景中，以问题解决的方式展开学习。总体而言，民主、平等、开放、包容，能深度参与、深度合作、深度探究、深度对话、深度质疑、和谐讨论等是批判性思维培养需要的课堂文化。

3.1　开放包容

佐藤学在《静悄悄的革命：课堂改变，学校就会改变》一书中曾说：“让教室里的学习成为每个学生都能得到尊重、每个学生都能放心地打开自己的心扉、每个学生的差异都能得到关注的学习。”[②]

要让学生打开自己的心扉，在课堂上愿意表达、自由表达，前提是安全感和机会。

---

① 刘兰英．数学课堂师生对话分析的内容框架构建 [J]. 全球教育展望 ,2013,42（5）:91−99.

② 佐藤学．静悄悄的革命：课堂改变，学校就会改变［M］．李季湄，译．北京：教育科学出版社，2014:3.

有"说"的机会，且不用担心"说得不好"被同伴嘲笑，"说错"被老师批评，不用"猜"老师想要什么答案……"说的机会"需要教师改变教学方式，将单一讲授式变为探究式、参与式、互动式。安全感则来自课堂文化的营造：开放、包容、民主、平等、尊重、理解等。

3.1.1 营造安全的心理环境

◆尊重差异

差异是客观存在的。每个孩子都是独立的个体，性格、思维方式、学习方式等都存在较大差异。有的孩子天性活泼，思维活跃，善于表达，课堂上比较积极；有的孩子个性安静，善于慢思考，不爱表现；有的孩子学得快，有的学得慢……课堂上，教师应充分尊重学生的差异，且通过自己的言行和引导让学生也认识到：每个同学都是不同的，每个人都有自己的优点和长处，也都有不擅长的领域和不足的地方；要正常看待和自己不同的人、事、物和行为；要尊重差异，学会和与己不同的人相处……久而久之，开放的课堂文化就会慢慢形成。需强调的是：这一点特别需要教师的正确示范和引导，因为对小学生而言，他们对差异的正确认知是难以自己建立的。因此，引用佐藤学教授以下观点，提醒老师们在课堂中要时刻注意自身言行对学生潜移默化的影响。

> 在教室里并不存在"大家"，存在的只是有自己名字和容貌的一个一个的学生。即使在以教室中的全体学生为对象讲话时，也必须从心底里意识到，存在的是与每个学生个体的关系。教师和学生在同一视线上的相互交换目光的关系是教育的基本。①

◆理解信任

我们团队曾专门讨论"怎样实现课堂的民主与开放"，老师们列了很多关键词，大家比较一致的意见是："尊重"是首要的。同时，有老师提出："尊重"的前提是"平等"，"平等"的关键是"理解"。在我们多次的课堂观察中，发现：教师越能理解学生的想法，也就越容易做到尊重学生。因为，每个孩子的行为背后，都有他自己的立场、逻辑、思考点，教师只有真正理解到位，才能发现其中的闪光点、教育点。这里的"理解"，包括：理解学生的各种行为、理解学生真实的想法、理解学生的情感、

① 佐藤学. 静悄悄的革命：课堂改变，学校就会改变［M］. 李季湄，译. 北京：教育科学出版社，2014:4.

理解学生的思维、理解学生的理解，等等。只有做到真正的理解，才能信任和尊重。而当学生在课堂上真实地感受到被尊重和理解时，他才有安全感，才愿意敞开自己的心扉，说出自己最真实的想法，课堂才是开放的。

◆容错

此外，课堂上还应确立以下价值导向：每一个人都可能犯错，包括老师；错误也是有价值的，错误也会带来精彩；在探究过程中，出错者是有贡献的，他可能让我们知道为什么不能那样做，可能给予我们正确的启发；我们要善于从错误中学习，反思出错原因，总结经验，等等。这样，每个孩子才敢于质疑、敢于表达，同时学会尊重发言者，哪怕是给自己“挑刺的”的发言者。

理解、尊重、容错是营造安全的心理环境的基础。孩子们只有在这样的课堂上才愿意交流、表达和对话，课堂才会有真正的合作、讨论、互动。批判性思维才有培养的契机。

3.1.2 建立课堂规范文化

有了安全的心理环境，学生愿意参与和表达。这时，还需要一定的规范。课堂上，教师和学生组成学习共同体。在共同体中，大家必须遵守共同制定的规则，才能保障学习的有序推进。规范也是民主的有效保障。适切的课堂规范具有引导性，不仅可以保障每个孩子参与的机会，还可以帮助其形成规则意识，学会与人合作，发展其交流、沟通的社会参与素养。我们所讨论的课堂规范，主要指保障课堂合作、探究、讨论、互动、对话所需要的基本规则，包括：倾听的规范、表达的规范、合作的规范、讨论的规范。需要指出的是：这些规范的制定，同样可以采用民主的方式，由师生共同讨论形成。对低年级学生而言，教师可以制定简单、易操作、易执行的规则。但一定要注意：规则即使由教师制定，在第一次执行时，也应该让学生思考，为什么要这样要求？不这样要求或违反规则会产生哪些不利的影响？只有当学生明白规则背后的道理，认识到这样的行为是不合适的，才会自觉遵守。这方面，我们可以向王圣昌老师学习。王老师每次到一个新的班级授课，课前会做三件事：（1）了解本班学生的分组情况。（2）做两个课堂行为约定——一个是“1 号坐姿，面向老师”（这是需要全班开展共同学习时的动作口令，简单、好记、易操作，且中性，即不带感情色彩）；另一个是“别人发言时不能举手”。（3）让学生讨论：“别人发言时举手”这一行为有哪些不好？就第三个问题，学生通常都能意识到，“别人发言时举手”不仅是对发言同学的不尊重，也会对自己造成影响，因为急着举手发言，必然会将注意力集中在自己身上，会忽略老师和同学发言的内容。经过这样的讨论：学生明白了这一约定的作用及违反所带来的影响，就会自觉遵守（当然，让每个孩子都做到“自觉”，还需要老师在课堂上通过对偶尔遗忘的孩子的提醒进行强化）。

营造安全的心理环境，是为了让学生在课堂上能真实地表达，敢说、愿意说，建立课堂规范文化，则是为了让学生有规则意识，保障学习更有效地推进。这两方面，不仅仅是批判性思维培养的需要，也是核心素养导向的学科课程教学的需要。

3.2 合作—对话

佐藤学认为，学习是“相遇”与“对话”，课堂对话是增进反省性思维和建构拥有文化与社会意义的某种“经验”的语言，其目的旨在促进“建构世界”（同情境对话）、“结交伙伴”（同他者对话）和“探求自我”（同自身对话）的统一。[①]

3.2.1 课堂对话反应课堂文化特征

分析课堂文化，观察点在课堂活动。只有透过课堂活动中参与活动的人及其权利、参与活动的形式、课堂互动的方式、互动中师生、生生之间的关系等，才能考察出课堂文化特征。其中，课堂上的对话，反映的是发生在课堂中教师与学生、学生与学生之间的一种教与学的交流、互动关系，是观察的重中之重，其内容包括对话机会、对话结构、对话关系、教师对学生想法的倾听与回应方式，等。对话机会能看出课堂上谁占主导地位，学生自由表达的机会有多大。对话结构则反映出课堂上师生双方的交互作用方式，是“教师问学生答”的教师单向作用于学生的机械式对话，还是师生双向作用的“双向互动”式对话，亦或是师与生、生与生之间多向作用的“多向互动”式对话。[②]不同的课堂对话结构，反映出截然不同的课堂文化。

此外，课堂上教师对学生想法的倾听方式，也反映出不同的课堂文化特征。如：选择性倾听（教师根据自身需要有选择地倾听）和简单评价性倾听（倾听时作出“对”“错”等简单评价）为主的课堂，对应的往往是教师控制型课堂，其对话方式基本为“教师提问—学生回答—教师评价”，教师是答案合理性的决定者，这样的课堂民主氛围缺失，学生较少有真正发表自己见解、表达自己真实想法及讨论交流的机

① 佐藤学．学习的快乐：走向对话［M］．钟启泉，译．北京：教育科学出版社，2004: 144.

② 刘兰英．数学课堂师生对话分析的内容框架构建 [J]. 全球教育展望 ,2013,42（5）:91-99.

会；而开放性倾听（倾听时不对学生想法作评价或解释，而是基于学生想法推进教学）为主的课堂，其对话方式则是“学生陈述—师生质疑—学生解释”。这样的课堂，学生的主体性更充分，民主氛围浓厚，真正构建起了师生学习共同体。

3.2.2 批判性思维培养需要的课堂对话形态

首先，从批判性思维培养角度而言，师生对话、生生对话的过程是对问题、观点、方法进行分析、论证、评估、替代、决策的过程。

其次，从学习的本质来说，知识和真理很少能仅仅通过传输者的言语陈述从一个人传输到另一个人。他人只能提供条件，学习者需要靠自己弄清楚从而学会。

那么，对于融合批判性思维培养的数学教学，理想的课堂师生对话形态是：学生能自由开放地表达自己的数学见解和想法，教师有效倾听和回应学生的表达，师生、生生在话语共同体中形成多向互动，学生能“数学地思考”“批判地思考”。

◆对话机会

对话机会指：是否提供机会让学生表达，学生自由表达的机会有多大，课堂上占有话语主导权的是教师还是学生，学生参与对话的广度如何，学生主动提问的机率有多高，不同特点的学生参与对话的机会怎样，等等。融合批判性思维培养的数学课堂，要求学生在课堂上有更多表达的机会，更多话语主导权，不同特点的学生都能参与对话，提问。

◆对话类型

刘兰英博士根据课堂上师生互动结构，将数学课堂对话分为三种类型：教师对学生单向作用的单向度对话（类型 1）、教师与学生双向互动作用的双向度对话（类型 2）、师生与生生多向交互成话语共同体的多向度对话（类型 3）。三类师生对话结构的依次变化，反映出小学数学课堂教学由“权威”向“民主”、由“教师中心”向“学生中心”、由“知识传递”向“知识建构”的转变。显然，融合批判性思维培养的课堂需要更多类型 3 的对话。而当前的小学数学课堂，类型 1 的对话最常见，类型 2 的对话偶尔可见，类型 3 则非常少，这是我们需要重视和改进的地方。

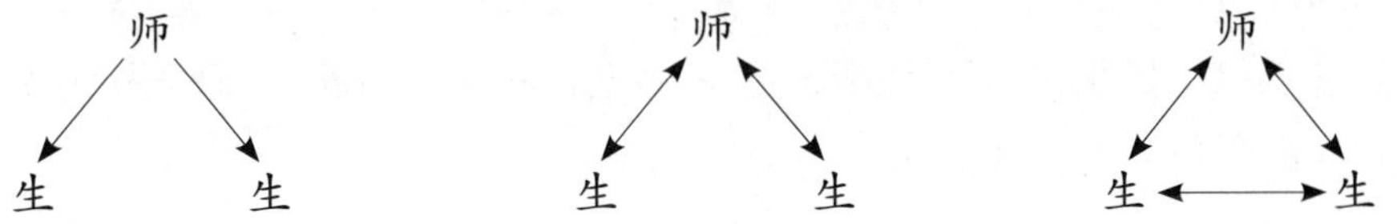

类型 1　　类型 2　　类型 3

此外，刘博士还根据“对话促进学生数学思维水平的程度”和数学思维四个水平的分类观点，将小学数学课堂师生对话分为四种类型：检测性对话、理解性对话、探究性对话和批判性对话。①

检测性对话，指向记忆性数学思维水平，由教师控制对话的内容和进程，旨在口头检查与监测学生是否记住了已学知识或是否提供了正确答案，通常用“这是什么”“看见了什么”“已学过……，你会吗”等识记性或封闭性的问题引发，学生仅凭回忆或经验即可作答。

理解性对话，指向理解性思维水平，通常由“你是怎么想的”“为什么”“请说明理由”“谁能解释他的想法是什么意思”等描述性和解释性的问题引发，常见对话结构为：教师提问——学生陈述——教师追问。课堂使用情况有：①要求学生尝试用自己的话语描述、概括和解释所学新知；②要求学生澄清简单的解题策略和思维过程；③鼓励学生对他人想法进行理解性的解说与澄清等。

探究性对话，指向探究性数学思维水平，通常由“为什么”“有什么问题”“还有什么不同观点”“这两种方法有什么不同”“如果……，怎么办”等开放性和探索性的问题引发。回答时，答案多样化且开放。常见情况有：①学生针对教师所提问题进行开放性思考；②分析和探究深层次的数学规律；③提出猜测性假设并加以验证；④教师启发学生提问等。

批判性对话，是师生对话的最高境界。指向创造性和批判性思维水平，旨在鼓励学生质疑和挑战权威，开展批判性的论辩，以学生的想法推进对话进程，常伴有生生与师生多向交互的对话形式。通常由“有没有不同意见”“你认为哪种方法更好，为什么”“他不同意你的观点，怎么办”等反思批判性的问题引发。批判性对话更强调不同观点之间的互动。常见情况为：①学生对教师或同伴或课本的观点提出质疑；②学生对有争议或疑难的问题展开讨论；③不同观点之间的挑战与反挑战；④选择最佳方案并分析原由；等等。

融合批判性思维培养的数学课堂，需要教师减少检测性对话，更多地使用理解性、探究性、批判性对话。通过这三类对话，特别是批判性对话，让学生感知到：质疑是为了更好的进步……做决定和下判断不能凭感觉，必须用理由、证据做支撑，支持或反对都需要有充分的理由，从而逐步形成理性思维。

---

① 刘兰英．小学数学课堂师生对话的特征分析 [D]. 上海：华东师范大学 ,2012：182.

3.2.3 听先于说：培养良好倾听习惯

课堂对话中，师生同时扮演着表达者、倾听者和回应者的角色。而在当前十分强调学生“主体性”的教学改革中，学生的发言、表达能力一定程度受到重视，课堂上往往能见到“畅所欲言”的“热闹”情景。但是，在促进学习的课堂对话中，更重要的是彼此倾听的关系。佐藤学认为：听先于说的行为，在学习中至关重要。相互倾听是相互学习、共同学习的基础。我们应当追求的不是“发言热闹的教室”，而是“用心地相互倾听的教室”。①

而当前的小学数学课堂，教师的倾听有以下类型：根据自身需要进行选择性倾听；边听边作正误判断的简单评价性倾听；基于学生想法来推进教学的开放性倾听。② 学生的“听”也有以下三种常见现象：①被动听，只接受，不思考；②不听，喜欢“自我表现”，不愿倾听同伴的想法和答案（成绩优秀的学生往往更容易有此表现）；③不会听，没有形成倾听的习惯，没有掌握倾听的技能。

我们认为：构筑倾听关系，培养良好的倾听习惯，教师要做好榜样。首先，教师要认真倾听每个学生的发言并作出恰当的回应。其次，不仅用耳朵听，还要全身心投入，尽力理解学生发言时的言语信息和非言语信息。第三，要培养学生的倾听习惯，特别是教给学生倾听的方法。如：专注、认真地听；边听边思考；要善于抓关键信息，快速把握他人发言要点；不轻易肯定或否定（批判性思维要求谨慎断言）；记录自己不明白与疑问之处（批判性思维中的反思与质疑）；不随意插话（在他人没有表达完之前不要随意打断）；全面分析（运用各种批判性思维技能对所听到的信息作出分析与判断）等。总之，教师自己不仅要做一个好的倾听者，还要不遗余力地培养学生的倾听习惯和能力，让其成为良好的倾听者。此外，深度对话的前提是有开放性问题或开放性任务。课堂上，学生在这样的问题或任务的驱动下，经历“独立思考—小组交流—全班交流”的学习过程，师生、生生在这一过程中不断对话，深化思考，从而促进思维发展。因此，开放性的问题或任务、个人的独立思考、小组的合作交流、全班的反馈与互动是融合批判性思维培养的数学课堂教学的关键要素。

---

① 佐藤学．静悄悄的革命：课堂改变，学校就会改变［M］．李季湄译．北京：教育科学出版社，2014:18.

② 刘兰英．小学数学课堂师生对话的特征分析 [D]. 上海：华东师范大学 ,2012：93.

3.3 质疑—论辩

有研究表明，批判性思维教育最佳的方式之一是探究教学法。这里的“探究”指对一个问题进行仔细的、批判的审查，以得出一个有充分理由支持的判断。也有专家认为是“论辩性讨论”。[①] 无论是“探究教学法”，还是“论辩性讨论”，都包含以下要素：（1）需探究 / 讨论的问题；（2）有不同的观点和看法；（3）讨论、辨析中对观点和看法进行评估；（4）得到有充分理由支持的判断 / 结论。学习是一个不断提问，不断解答，又不断追问，不断明朗的过程。因此，小学数学中融合批判性思维培养，除“合作—对话”外，还需营造“质疑—论辩”的课堂文化，提供“质疑—论辩”的机会，让学生在质疑、论辩、讨论、推理、评价中不断明晰数学概念、理解数学原理，学会批判性思考。

3.3.1 营造“质疑—论辩”的课堂文化

首先，要鼓励学生质疑，凡事多问为什么。对老师、书本、同学（特别是优秀同学）不轻信、不盲从，坚持独立思考。

其次，提供质疑讨论的机会。这一点需要教师对教学进行精心设计，还要灵活处理好课堂的生成，善于抓住学生表达中值得辩论的话题点，通过追问引发学生思辩、讨论与交流。例如：王圣昌老师的课堂上，经常出现学生就某个数学问题进行批判性讨论的环节。这与王老师善于设计开放性和探究性强的任务、习惯充分暴露学生真实想法、善于抓住学生的思考即时生成可讨论的问题息息相关。以下教学片段，相信能为我们提供可借鉴的做法。

教学案例：《平行与垂直》[②] 教学片段

布置以下任务：

1. 在白纸上任意画两条直线。

2. 思考：两条直线的位置关系可能有哪些情况？

学生完成后，教师出示下图并提问：

① 董毓．批判性思维教育研究 [G]. 上海：上海教育出版社，2021:75.

② 课例设计与执教：王圣昌．课题原名《直线间的关系》，由吴丹丹老师根据王圣昌老师教学视频整理．

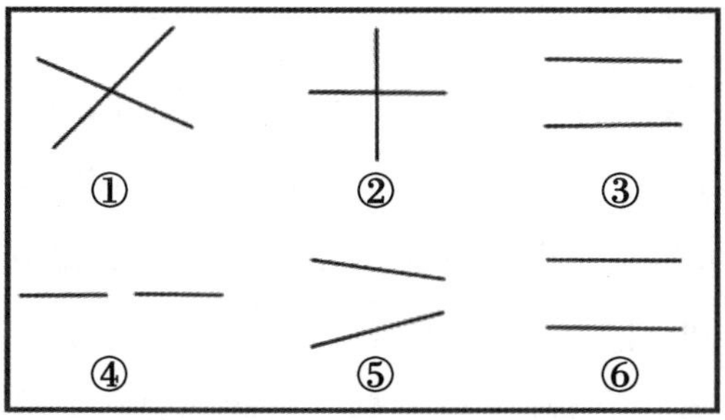

教师：想想看，你画的属于①②③④⑤⑥的哪一种？请你在上面标上序号？如果你发现你的标不上去，请举手，我们等下帮你讨论，或者你觉得你决定不了，你也可以举手。

学生对自己的作品反复思考辨认后，标上序号，然后进行全班反馈。

反馈时，教师首先依次展示没有“标注”（即“无法判断”）的学生作品。

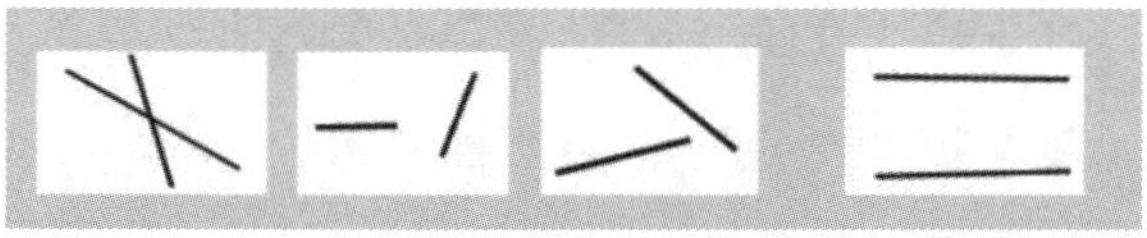

全班逐一讨论以上作品是否真的“无法判断”？

教师：告诉大家，你为什么无法判断，你的想法是什么？

对应作品的学生阐述理由，其他学生一起思考、追问或解释。

以上教学片段，营造了很好的“质疑—论辩”环境。首先，营造了真实地表达自己想法的安全心理环境，“你发现你的标不上去，请举手”“你觉得你决定不了，你也可以举手”，这两句话，让孩子们敢于实事求是地表达自己所画的两条直线的位置关系在①—⑥号作品中“找不到”。其次，有效地渗透了批判性思维“不轻信、勇于质疑”品格的培养，老师出示的作品不一定全面，也可能有没考虑到的情况（对于无法标注的学生而言）。第三，对四个没有标注的作品的讨论，是很棒的“评价—辨析”环节，师生、生生全部参与，特别是对最后一个作品的辨析，营造了非常好的论辩契机，而当学生暂时无法达成共识时，王老师并没有急于自己下结论告知学生，而是采用了悬置处理，等学生理解了“平行”与“垂直”之后，再回过头来讨论该作品属于哪一种情况。这样的课堂，很好地落实了批判性思维的培养。如果每位老师的课堂都能像王老师的课堂一样，营造更多质疑、讨论、辨析的机会，久而久之，就形成了“质疑—论辩”的课堂文化。

3.3.2 善于提问

质疑的核心是提问。能否发现和提出问题是开展批判性讨论的关键要素。《学会提问》一书中介绍批判性思维的三个方面为：①有一套相互关联、环环相扣的关键问题的意识；②恰如其分地提出和回答关键问题的能力；③积极主动地利用关键问题的强烈愿望。可见，提问对于批判性思维的重要性。

但当前的现实情况是：教师和学生的提问能力都有待提高。具体表现为：①提不出问题。没有思考，无问题。②所提问题质量不高，即提不出能引发大家进一步思考和探索的有价值的问题。③问题表达不够清晰具体，说了半天最后听者不知道其所提问题是啥。

我们认为，好问题应具备以下特点①：

① 表达简洁、清晰、准确。

② 指向关键内容，能促进参与者对所讨论内容的进一步理解和掌握。

③ 能引发大多数人的关注和共鸣，即是被“忽视”了的共性问题。

④ 能促进进一步的讨论和思考，即具有开放性。

⑤ 能在思维方式上给人启发。即让提问者、被提问者以及所有参与者，不仅获得关于问题内容的进一步理解和思考，还能促进人们思维方式的发展。

那么，如何培养学生的提问能力呢？首先是教师要注重提升自身发现问题、提出问题的能力；其次是在课堂上有意识地培养（可阅读本书第八章）。

3.3.3 文明讨论

◆**规则意识**

“质疑—论辩”的课堂，学生交流、讨论的机会比较多，如何有效组织才能在有限的课堂学习时间内实现高效讨论？我们认为：首先应该有规则意识（本章第一小节已提到讨论的规范）。课堂上的讨论主要有两类：小组讨论、全班讨论。小组讨论一般在个人独立学习之后，全班讨论则在小组合作学习之后。无论哪一类讨论，都要有一定的规则，形成大家共同遵守的讨论文化。例如：小组讨论，一是要基于每个组员的独立思考，二是要尽可能让方法少（或没有答案 / 想法，或思路暂时不够清晰）的组员先发言，三是别人发言时尽量不插话，四是教师要视所讨论问题的难易度约定小

① 陈晓燕，于芳．学会思考：小学数学教师批判性思维教程 [M]. 长春：吉林大学出版社，2019：223.

组讨论的时间等（中、高年级可让学生自己约定讨论所需时间）；全班讨论，一是小组要做好组内学习内容的整理，形成统一的结论，以便汇报，二是汇报时从方法少的组开始，三是认真倾听，四是要多提问质疑。

以上规则，需要教师在课堂上有意识、循序渐进地培养，才能让学生慢慢形成共识，养成习惯。

◆理性讨论的意识

对小学生提理性讨论要求似乎有些过高，但其实数学学科本身的特点就适合培养学生理性思维，教学中有很多培养契机。

首先，教师需清楚理性讨论的原则：①实事求是，就事论事；②尊重彼此，求同存异；③推理而不推测；④达成共识，即讨论的根本目的不在于说服对方，而是加深对问题本身的理解，从而解决问题。

其次，教学中要善于抓住培养契机。例如：在教学《用字母表示数》（人教版五年级第五单元例 1）的过程中，当学生个人独立解决“你能用一个式子简明地表示任何一年爸爸的年龄吗”这一问题后，教师收集了不同学生的作品，并开展全班讨论，教学过程如下：

教师：同学们，老师这里收集了几种不同的表示方法，我们一起来欣赏一下。请静静观察、认真思考，先不发表意见。

	小红的年龄	爸爸的年龄
第一种：	12	12+30=42
第二种：	x	x
第三种：	a	b
第四种：	a	a+30

教师：看了这些方法，你有什么想说的吗？现在把你的想法在四人小组内进行交流，注意要求：

1. 对上面的每一种方法作出评价，若觉得好，好在哪里，若觉得有不足，不足在哪里。

2. 选出你们认为比较好的表示方法。

学生小组讨论后，全班反馈（学生反馈略）。

以上环节，教师有意识地引导学生对四种不同表示方法进行讨论（小组讨论 + 全班讨论）。要求明确，有效地培养了学生理性讨论的意识：一是“静静观察、认真思考，先不发表意见”（即明确规则）；二是“对每一种方法作出评价，若觉得好，好在哪，若觉得有不足，不足在哪里”（这里指向批判性思维的评价能力，有理有据作出判断，对不同方法进行评估）；三是“选出认为比较好的表示方法”（达成共识，得到有充分理由支持的判断 / 结论）。融合批判性思维培养的数学课堂，应让这样的论辩性讨论成为课堂常态。

第 4 章　小学数学教学中批判性思维培养的教学路径

4.1　批判性思维品格与技能培养的融合性

第一章提到，批判性思维包含两个要素：品格和技能。第二章我们分别列出了小学数学教学中批判性思维品格、批判性思维技能的培养目标。本章主要讨论小学数学教学中融合批判性思维培养的教学路径。讨论教学路径之前，需特别澄清的是：批判性思维品格和技能培养，不是独立的两件事。虽然各自的内容和核心要素不同，但在教学中是相互关联、融为一体的。技能训练中，蕴含习惯、品格。例如：在“理解”“分析”“评估”“推理”“论证”等技能培养中，学生将逐渐形成“客观”“公正”“清晰”“严谨”“尊重事实”“讲求证据”等思维品格；在“提问”“阐释”“论辩”等技能培养中，逐渐形成“独立思考”“质疑”“开放”“求真”等思维品格；在“反思”“自我监控”技能培养中，逐渐形成“反思意识”“向异见者学习”等思维品格。因此，后续讨论中，特别是下篇——批判性思维培养教学案例，我们阐述时均只提到技能培养，并不是我们只关注技能，而是基于“品格培养蕴含在技能中”的思考，故而没有特别指明具体的品格培养点。

关于批判性思维品格和技能培养的融合性，需特别强调两点：一是小学阶段，品格培养更为重要。养成好的思维品格，学生将终身受益；二是相对技能习得而言，品格和习惯的养成，是更为漫长的过程，教师要有充分的认知，并在教学中循序渐进地落实。

4.2　常规课例教学：渗透式培养

在小学数学教学中融合批判性思维培养，目前主要有三种方式：一是在常规课例教学中进行渗透式培养。所谓渗透式，即在学科教学中，不额外讲授批判性思维方法，但以培养批判性思维品格和技能的方式来教授学科内容。二是在典型课例中进行点对式培养。即在一部分非常适合批判性思维品格和技能培养的教学内容中，有意识地讲授批判性思维方法。三是在整合课例中进行专题式培养。即通过自己研发的整合课例，开展专门的批判性思维教学。

以上三种路径中，常规课例教学中进行渗透式培养是当前最常用、也最易于实现的一种。实现的前提：一是教师自身有良好的批判性思维水平，认识到批判性思维及其教育的重要性，有强烈地培养学生批判性思维的意愿；二是善于抓住教学契机，将批判性思维培养不着痕迹地渗透到学科教学中。以下教学案例即为渗透式培养。

教学案例：认识负数①

一、数学家的困惑——引发冲突

（一）认读正负数

1. 说一说

教师：今天我们来认识一种新数——负数，你在哪里见过负数？

学生：电梯里、天气预报中……

2. 读一读

$-160\quad -4.3\quad -\frac{1}{2}\quad -1$

3. 认一认

负号、正号、正数、负数

（二）质疑启思

1. 质疑

教师：负数到底表示什么呢？谁能说说你对“−1”的理解？

学生：−1 表示比 0 小 1。

教师：17 世纪的数学家也是这么想的，我们一起来看一看。

课件出示

笛卡尔：“−1 就是比 0 还小 1。”

帕斯卡：“胡说，0 表示没有，怎么可能比没有还少 1。”

① 课例设计与执教：于芳，宋梦淇.

2. 启思

教师：帕斯卡说的好像也有道理啊！负数到底表示什么？“0”只表示没有吗？

【批判性思维培养说明：由于学生对于负数已经具备一定的认识，因此他们不会深入思考负数“比 0 还小”背后蕴藏的数学原理。将数学史引入课堂，一方面能引发学生的认知冲突，意识到如果“0 只表示没有”，那么自己对负数意义的认识就存在问题；另一方面能够使学生发现，数学的发展并非一帆风顺，要经历争辩和探讨的过程。】

二、丰富的素材——感悟发现

（一）温度计上的正负数

1. 初步感知高低相反

（1）呈现学习素材后，小组探究：

−2 ℃和 2 ℃ 分别表示什么意思？温度计上的 0 ℃表示什么？

（2）汇报交流。

学生：−2 ℃和 2 ℃就是零下 2 ℃和零上 2 ℃。

教师：你能在温度计上拨出这两个温度吗？

学生：−2 ℃就是比 0 ℃低 2 ℃，从 0 ℃向下拨两格；2 ℃比 0 ℃高 2 ℃，从 0 ℃向上拨两格。

教师：看来咱们都是在跟 0 ℃做比较。温度计上的 0 表示什么？是没有温度吗？

学生：0 ℃是淡水刚刚结冰的温度，它是确定零上温度和零下温度的标准。

2. 理解 0 既不是正数也不是负数

教师：你们能把这个温度计上的正负数分别标出来吗？

（学生标注正负号。）

教师：咦，这个 0 怎么不标呢？

学生：0 是确定正负的标准，它既不是正数也不是负数。

3. 初步感受负数的大小

教师：天气预报说武汉要降温了，你觉得最低温度可能降到多少？

学生：可能是 −4 ℃、−5 ℃、−6 ℃ 、−7 ℃……

教师：你发现了什么？

学生：越往下，负的越多，温度就越低。

（二）多种情境中的正负数

1. 呈现素材，小组探究

呈现海拔高度、反方向行走、身高登记表3个学习素材，请学生小组探究：

（1）“0”在哪，表示什么？

（2）每幅图中的正负数分别表示什么？

2. 交流碰撞，理解意义

（1）类比迁移，理解意义

学生：这幅图中的0就是海平面。以海平面的高度为标准，8844.43表示珠穆朗玛峰比海平面高8844.43米，−155表示吐鲁番盆地比海平面低155米。

（2）意义扩展，方向相反

学生1：这幅图中0代表学校。“+200”米就是从学校出发向右走200米，“−160”米表示从学校出发向左走160米。

学生2：“+200”米还可以看作向东走200米，“−160”米就是向西走160米。

教师：如果向北走是+200，那−160表示什么？

学生3：那就表示向南走160米。

教师：看来以哪个方向为正，哪个方向为负都是人为规定的，但不管怎么规定，这两个方向都是相反的。

（3）标准变化，提升认识

教师：这里的正负数又表示什么？身高怎么会有负数呢？

学生1：这里应该规定了一个标准身高，然后王平比这个标准身高要低2cm。

课件出示

某校六年级男生的平均身高约150cm，以这个身高作为标准。

教师：你有办法让王平的身高用正数表示吗？

学生2：可以把标准变一下，用140cm做标准，王平的身高就变成+8cm了。

教师：同样是王平，身高为什么一会儿负，一会儿正呢？

学生3：因为标准变了。

教师：看来标准很重要，标准变了，正负数也会跟着改变。

（4）归纳概括，明确意义

教师：究竟什么样的两种量可以用正负数来表示呢？

学生：意义相反的两种量。

【批判性思维培养说明：学生在充分的交流探讨中逐步理解正负数的意义，感受到研究问题需要谨慎和谦虚的态度，养成文明讨论的习惯。**】**

三、数的发展历程——总结提升

1. 跨时空对话，回应课前问题

教师：如果你可以乘坐时光机回到17世纪，你会对帕斯卡先生说什么？

学生：帕斯卡先生，你错了，0不光表示一无所有，它还可以表示一个标准，负数就是比这个标准低的数。

【批判性思维培养说明：这一环节使学生认识到，数学家也有犯错的时候，权威并不一定正确，勇于反思质疑才能发现真理。**】**

2. 了解数学史，培养批判性思维

播放微课，介绍数的发展历程。

教师：看了这段视频，你有什么感想?

学生：我们中国人真了不起！中国古代的数学比西方先进多了！

教师：你觉得西方数学家为负数的合理性争辩真的很可笑吗?

学生：不可笑，这也是一种科学精神。

教师：是的，随后的一百年里，西方数学家建立了整数理论，解决了负数的合理性问题。

教师：中国古代数学家注重实际需要，西方数学家则更讲求逻辑严密。两种数学观各有优劣，但它们都推动着数学的发展!

【批判性思维培养说明：在观看微课的过程中，学生的民族自豪感油然而生，然而随着教师的反问，学生能够意识到西方数学家较真的态度更为可敬。历史的进程让学生学会批判性地看待问题，不同的数学观带来了数学的不同发展，事物没有绝对的好，更没有绝对的坏。**】**

4.3 典型课例教学：点对式培养

点对式培养对学科教学内容有一定要求，且需要教师自身对批判性思维品格和技能的各个要素非常熟悉，不仅能敏锐地分辨出哪些内容适合点对式培养，还要理出批判性思维品格和技能的具体培养点。小学数学教学中，适合点对式培养的教学内容其实不少，例如：统计与概率领域，统计图表、统计量、可能性等内容的教学，都适合点对式培养。“数据收集整理”可以培养学生“不同的调查方式得到的数据的可靠性不同”的意识，统计图表相关内容的教学可以培养学生“统计图表可能会误导人们的认知”“统计数据可能说谎”“不要轻信统计数据”等“不轻信”“质疑”“评估证据的可靠性”等批判性思维品格和技能。“问题解决”相关内容的教学，可以培养学生“阅读理解”“信息提取”“反思”等批判性思维技能。此外，“找规律”“运算律”等内容的教学，可以培养学生“归纳推理”技能，“简单的推理”可以培养学生“演绎推理”技能……点对式培养需要教师有意识地对学科教学内容进行加工，将其与批判性思维品格或技能具体培养点结合，并在教学过程中加以明示。如果说渗透式培养是“润物无声”，点对式培养则是“有意为之”。但两者的教学载体都是学科教学内容。点对式培养的教学契机并非体现在整节课中，而是一节课中的某个环节。

教学案例：“折线统计图”练习设计

【问题情境】某电视机厂商发布了这样一幅图，并说：“我公司电视机销量有了很大的增长，明年将遥遥领先”。你认为这个报道合理吗？简要说说你的想法。

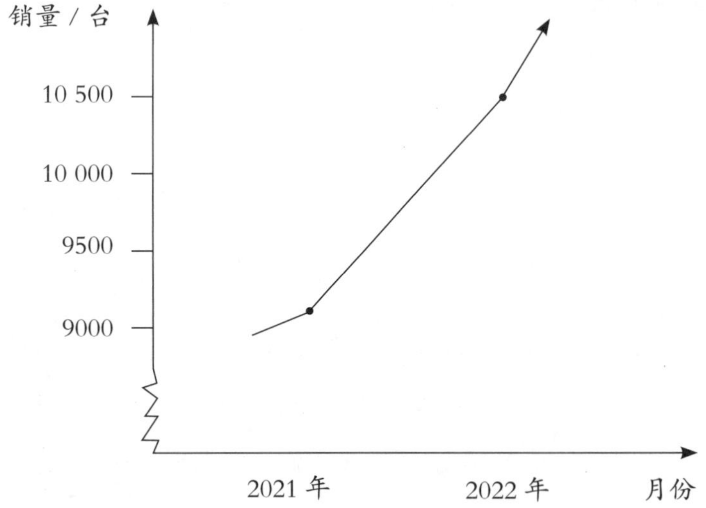

学生独立思考并在组内交流后，进行全班反馈。

全班反馈时，教师需引导学生进一步质疑：

1. 看上去很“陡”就表示增长很快吗？

2. 为什么看上去会这么“陡”呢？

3. 纵轴省略的会是什么信息？

4. 明年会增长得这么快吗？

5. 遥遥领先是和谁进行比较？

当学生辨析以上问题后，进一步追问：

1. 如果这是有人刻意制作的，那么他想给我们传递什么信息？

2. 你觉得在读折线统计图时要注意什么？

在学生充分讨论的基础上，完成小结：统计图表在生活中随处可见，我们通过统计获得很多数据，但今天的学习也告诉我们，统计图表有时也会“骗人”，我们在读统计图表的时候要多思考，要用批判的眼光、谨慎对待，不要轻易相信。

【分析】折线统计图可以帮助人们获取信息、直观看出事物发展变化趋势，进行统计预测。但有时也会被利用，从而误导人们的认知。以上练习即针对“统计误导”特别设计。学生在解答过程中，通过不断质疑，逐渐体会到统计图有时候也是会“骗人”的，从而培养其“不轻信、谨慎、评估统计数据与图表可信性”的批判性思维品格。

关于点对式培养的教学案例，还可参看本书第七章课例 2——《统计：用数据说话》。此案例是基于六年级三类统计图整理与复习相关教学内容进行整合设计的，执教老师从培养学生批判性思维的角度，重新选择了所有学习素材，整节课不仅很好地达成了学科教学目标，且有效实现了学生批判性思维培养。

4.4 整合课例教学：主题式培养

主题式培养是针对批判性思维品格或技能的某个特定培养主题（内容），设计专门的课例进行批判性思维培养。与点对式培养不同的是：主题式培养的课例需要教师结合数学学科教学自主研发，且有明确的批判性思维培养指向性。例如：四川省成都市范建成老师团队在批判性思维培养研究过程中开发的“话题讨论课”、我们团队设计的“提问训练课”，以及王圣昌老师开发的基于教材的“阅读理解训练课”（用方程解决问题）等，都可以看成主题式培养教学案例。

教学案例 1：“话题讨论课”①

“话题讨论课”是一种批判性思维专项训练课型。以数学知识为载体，以话题为

① 代林丽，马莉．话题讨论课：批判性思维的磁力场 [J]. 小学数学教师，2020（9）:26–30.

切入点，通过课堂讨论与对话，促进学生掌握数学知识，同时指向批判性思维品格与技能培养的某些方面，如论证、质疑、评价等。

“话题讨论课”需要教师先收集“讨论的话题”，通过一组话题，设计成教学课例，开展专门的批判性思维训练。如：通过收集学生典型错题，分析出错的原因，加以改编、转换，生成讨论的话题，然后在课堂上组织学生针对话题展开讨论，一方面帮助学生纠正错误，促进对数学内容的理解，另一方面，训练学生批判性思维的论证技能——有根据地说明理由。以下是二年级“话题讨论课”教学中的一个案例：

【错例】一根绳子长 600 米，第一次剪下 200 米，第二次剪下 300 米，现在比原来短了（ A ）米。

A.100　　B. 500　　C. 400

【话题】一条丝带长 150 米，第一次剪下 30 米，第二次剪下 40 米。张老师说：现在丝带变短了，比原来短了 150−30−40 = 80（米）。你认为张老师的想法对吗？

学生 1：我认为是错的，因为这个算式求的是剩下的，不是短了的。【理解、判断、澄清】

学生 2：我同意学生 1 的意见，短了的应该是 30+40 = 70（米）。【评价、分析】

学生 3：我也认为张老师是错的。我可以画线段图来说明，（边画边解释）先画一条长线段表示这根丝带 150 米，第一次剪下 30 米，就从右边减少 30；第二次剪下 40 米，又减少 40；那么，剪下的这两段合起来才是比原来短了的米数。所以，学生 2 的算式是对的，张老师求的是剩下的米数。【评价、论证】

学生 4：我同意学生 3 的想法，张老师错在没认真读问题，求的是短了的，不是剩下的。【评价、反思】

学生 5：我想表扬学生 3，画线段图的方法清楚地说明了问题，提醒大家要注意审题，弄不懂时可以画线段图。【评价、评估、决策】

教学案例 2：“提问训练课”——“有趣的计算”问题意识培养综合活动课[①]

1. 课前调查，了解学生提问现状

将四年级下册中一道习题改造成以下训练学生问题意识的素材：

① 陈荣芳，倪金玲．层层深入，培养学生提出问题的能力：《有趣的计算》问题意识培养综合活动课的实践与思考 [J]. 小学教学研究，2018（25）:76−80.

根据所示内容，请仔细观察比较，大胆猜想、认真思考分析，由易到难提出 3 个数学问题。

4	9	2
3	5	7
8	1	6

49+35+81　18+53+94

42+37+86　68+73+24

38+51+76　67+15+83

问题 1:

问题 2:

问题 3:

将以上素材发给学生，对四年级 182 名学生进行抽样调查。学生的问题有三类：观察算式提问、观察表格提问、将表格和算式联系起来提问。

2. 活动导入

通过“头脑特工队”情境，虚拟“问问”卡通人物，并指出“问问”负责发现问题和提出问题，通过“问问”成长情况给课前提问好的学生颁发“超级棒”奖章。

3. 分享交流

（1）展示问题——小组交流：让每个学生在小组内交流自己提出的问题。

（2）整理问题——全班交流：教师由易到难（1 ★到 3 ★），选择学生提出的其中 6 个问题，引导学生层层思考，感受提出问题的角度和方法。

★问题：①表格里哪些数加起来和是 15？②有多少种不同的情况？③这三组算式的答案各是多少？

★★问题：①左右两个算式中加数数位上的数变了，得数一样，像这样的算式得数都一样吗？②下面的算式和上面表格中的数有联系吗？

★★★问题: ①算式的得数为什么都是 165？②你能照着上面的算式再写几道吗？

4. 回顾反思：引导学生整体读一读以上 6 个问题，整体感知问题由浅入深，层层递进。并引导学生反思“如何提出这些问题的”。

5. 拓展延伸——“问问”大赛

再次利用上面的素材，引导学生进一步思考：你还能提出什么问题？

下 篇

小学数学教学中批判性思维培养教学案例

第 5 章　基于“问题解决”教学的“理解—分析—反思”技能培养

5.1　“问题解决”教学与批判性思维中的“理解—分析—反思”技能

批判性思维是一种高级思维技能。具有批判性思维的人在解决问题时，能对给出的相关信息进行理解、分析和反思，从而尽可能做出合理的决策。将批判性思维技能的培养与发展融入教学，在学生经历小学数学问题解决的过程中逐步培养理解、分析和反思技能，不仅能提高学生处理实际问题的能力，还能提升学生批判性思维水平。本章将要探讨的问题是，在“问题解决”教学中，如何培养和发展学生的“理解—分析—反思”技能。

5.1.1　“理解—分析—反思”技能的内涵

“理解”一词在《辞海》中的解释是“了解、领会”，即通过揭露事物间的联系而认识新事物的过程。既有揭露事物间外部联系的理解，如把一事物归入某一类已知事物中；也有揭露事物间内在联系的理解，如确定事物间的因果关系。《课标（2022）》使用了“理解”这一行为动词来表述结果性目标，其基本含义是描述对象的特征和由来，阐述此对象和相关对象之间的区别和联系。[①] 显然，理解不是简单的了解事物或者对象，而是在了解事物或对象相应信息的前提下，理解所传达的观点和结论、明白事物或对象的相互联系、发现其中的主要问题等，能够有自己的认识，甚至有所创新。

“分析”一词在《现代汉语词典》（第 7 版）中的解释是“将一种食物、一种现

① 中华人民共和国教育部．义务教育数学课程标准（2022 年版）[M]. 北京：北京师范大学出版社，2022.

象分成较简单的组成部分，找出这些部分的本质属性和彼此关系（与综合相对）的各个部分或属性”。分析思维过程主要分为四个环节：分解，辨析，联系，撇开和抽象。[①]可见，分析是将问题情境中的整体分解为各个部分、方面和要素，能分析和识别概念或问题等的组成部分，包括分析出现问题的原因，明确阐述、判断各观点实际的推论关系，找到支持某个主张、意见或论点的理由。这要求在任何情境中都需要关注思维的各个元素，包括：问题、信息、概念、观点（假设或结论）、解释、推理、论证等。[②]

“反思”一词在《现代汉语词典》（第七版）的解释是“思考过去的事情，从中总结经验教训”。不仅强调回忆已发生的事情，更强调总结经验以提高将来的思考或实践。这表现了反思性思维的特性之一——批判性。也就是说，反思是对自己思考的观点进行再次思考，而不是简单的重复，即能够有意识地监控自己认知活动的过程和结果，这样有助于评价思维的有效性。反思者不仅要聚焦于要解决的问题、要做出的决策、要赢得的辩论，也要关注这些活动中的推理过程，明确优点及问题所在，知道如何改进等。

如上所述，批判性思维中的“理解—分析—反思”技能是指学生在面对现实情境或问题时，通过从与问题相关的信息中发现某种事物或现象等所隐含的问题（或产生某种观点），对信息（或证据）进行分析后最终解决问题（或得出结论、论证观点），并对整个过程进行合理评估与反思，从而作出正确的决策，最终解决问题并建构自己的观点。即学生首先能够准确理解相应的信息，明白主题，处理矛盾的、不充分的、模糊的信息；判断信息是否恰当，理解信息所传达的观点和结论等；然后在理解的基础上进一步分析，建构知识意义上的理解，辨识陈述中意欲的和实际的推论关系，辨识问题、概念、描述或其他表达理由、信息或意见等的表征形式，进而提出方案并做出决策，最后对思维过程和思维结果进行自我监控及自我修正。

5.1.2 批判性思维技能与“问题解决”教学的内在联系

◆目的一致性

《课标（2022）》在“问题解决”教学中明确要求学生：“初步学会从数学的角度发现问题和提出问题，综合运用数学知识解决简单的实际问题，增强应用意识，提

① 汪馥郁，姜成林．辩证的分析与综合：现代科学思维的重要方法 [J]. 社会科学辑刊 1983(6):46−51.

② 陈晓燕，于芳．学会思考：小学数学教师批判性思维教材 [M]. 长春：吉林大学出版社，2019：5.

高实践能力。获得分析问题和解决问题的一些基本方法，体验解决问题方法的多样性，发展创新意识。学会与他人合作交流。初步形成评价和反思的意识。”① 而批判性思维培养的目的之一就是面对复杂的事实或信息能够进行分析与处理，进而更合理的指导自身的行动，最终使得人在对事物或者信息进行思考的基础上能够解决现实情境中的问题。可见，问题解决和批判性思维的目的具有一致性，都是提升处理问题的能力，而问题解决指向的目标更具体。②

◆过程内在一致性

Garrison（1992）将批判性思维的过程等同于一个问题解决的过程。③ 保罗④、罗清旭⑤ 等学者发现批判性思维过程基本经过“问题（观点）—信息处理—解决（论证）”三个环节。郭炯、郭雨涵认为批判性思维需要经历以下 5 个过程：发现和定义问题、收集和分析信息、推断和论证问题、得出结论及过程评估。⑥ 人教版教材中的“问题解决”内容编排则是按照以下三个基本步骤：阅读与理解—分析与解答—回顾与反思。显然，这三个步骤与批判性思维发展的过程高度吻合。可见，小学数学“问题解决”的过程在一定程度上就是批判性思维形成和发展的过程。

◆技能内在一致性

董毓在《批判性思维十讲》中提到问题解决的技能就是批判性思维的技能。学生在经历“问题解决”教学中的“阅读与理解、分析与解答、回顾与反思”所需要的技能和批判性思维的“理解—分析—反思”技能具有高度一致性。问题解决过程中均有批判性思维技能的参与，小学数学问题解决教学过程中批判性思维的体现详见图 5–1。

---

① 中华人民共和国教育部．义务教育数学课程标准 [M]. 北京：北京师范大学出版社，2022.

② 王国华，聂胜欣，袁梦霞，俞树煜．使用问题解决法促进批判性思维发展的研究——基于交互文本的分析 [J]. 电化教育研究，2016,37（5）:66–73+81.

③ Garrison,D.R..Critical Thinking and Self–Directed Learning in Adult Education:An Analysis of Responsibility andControl Issues[J].Adult Education Quarterly,42（3）:136–148.

④ Paul，R， Elder，L..Critical Thinking：Teaching Student to Seek the Logic of Things [J].Journal of Developmental Education，2007（1）：23–36.

⑤ 罗清旭．批判性思维的结构、培养模式及存在的问题 [J]. 广西民族学院学报（自然科学版），2001（3）:215–218.

⑥ 郭炯，郭雨涵．技术支持的批判性思维培养模型研究 [J]. 电化教育研究，2014,35（7）:41–47+65.

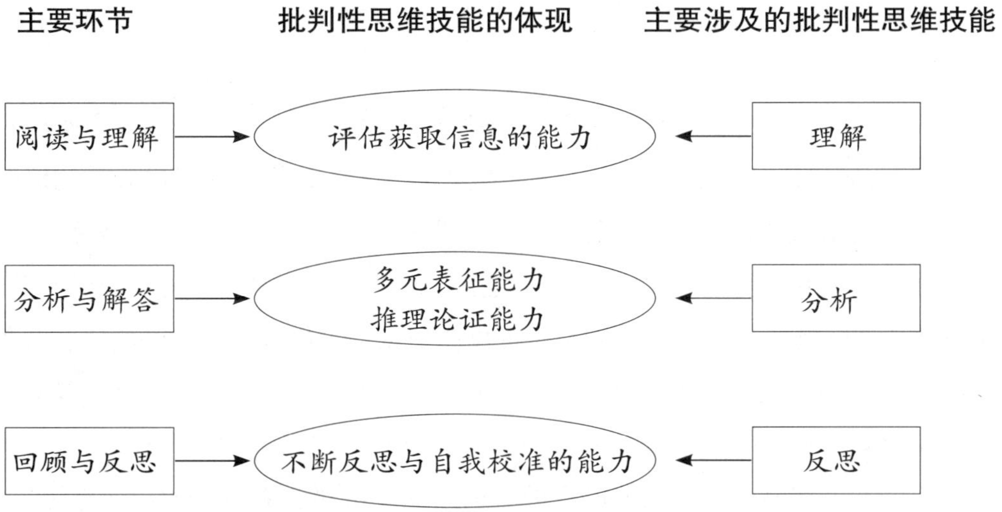

图 5-1　小学数学问题解决教学过程中批判性思维的体现

5.1.3　“理解—分析—反思”技能的关键要素

将“理解—分析—反思”技能落实到小学数学“问题解决”教学中，意味着学生在面对情境时，需要理解信息，对信息进行有效获取，并能够用合适的方式去分析、转换信息，在论证和推理中做出决策，有选择性的接受他人的观点并不断自我监控。因此，小学数学“问题解决”教学中的“理解—分析—反思”技能，主要包括评估获取信息的能力、多元表征能力、推理论证能力、不断反思与自我校准的能力等四个关键要素。

◆评估获取信息的能力

批判性思维者最重要的技能之一是评估信息，有效鉴别与评价所获取的信息是利用信息的前提。当接受到信息时，我们需要先进行评估，对信息做出自己的判断，启动大脑进入思维程序。因此，在小学数学“问题解决”教学的“理解—分析—反思”技能中，“评估获取信息的能力”是非常重要的一个要素。

评估获取的信息包括：找准论题、证据和结论以及判断论据的可靠性和效力。当他人在表达观点、结论时，我们需要准确把握信息、评估信息，否则可能会曲解他人的意思，导致与其交流时答非所问；或是找不准他人用于支持其观点、结论的证据，无法判断其论据的可靠性，最终不能评估他人的观点或结论是否正确。由此得出，真实、准确、完整的信息评估是做出客观、公正、合理判断的前提与解决问题的基础；

而明确、充分的信息获取方式和科学、规范的信息处理手段，是取得真实可靠的信息的有效保障。

在小学数学“问题解决”教学中的“评估获取的信息”主要集中在“理解问题情境”和“提取有效信息”这两个方面，即学生在问题解决过程中能够准确流利地读题，明确题目中相关术语的含义，厘清语句之间的逻辑顺序。“问题情境”是为学生建构知识而创设，是联系学习情境和学生思维的重要桥梁。在理解问题情境的情况下，学生的思维才能在问题的驱动下主动加工所提供的信息。问题情境中往往蕴含着以文本、图文、图表为主的丰富信息，但并非所有信息对解决问题都有用，有些甚至是多余信息，会把问题解决者的思路引向不恰当的方向，这需要问题解决者对信息进行识别、筛选并提取其中的有效部分。这些信息的有效获取对问题解决起着重要的导向作用，既决定了问题能否顺利解决，又是批判性思维的起点。

综上所述，评估获取信息的能力作为“理解—分析—反思”技能的关键要素之一，主要是指在问题解决开始阶段，准确理解题目中所描述的情境，全面获取信息和问题，并从问题情境中识别、筛选和提取有效信息。

◆**多元表征能力**

表征是信息在头脑中存储和呈现的方式，用以指代事物的结构体系。对于任何问题，问题解决者首先要将问题情境表征为记忆中的问题空间，然后在问题空间中解决问题。最好的表征系统通常是在给定信息的条件下，学习者进行深加工，结合原有的知识和信息，对问题赋予具有个人意义的理解框架。①

多元表征主要是指对某些概念或者问题通过多种形式的编码、转译等，形成对信息的多元化表征。② 数学表征能力是一种数学认知过程的活动，指在特定的情境下能够以自我形成的表征方式理解、分析、加工数学信息，辨别、解释数学知识，并且能够根据不同的问题情境选择与转化不同的表征形式来解决数学问题。最常见的小学数学表征方式有符号表征、动作表征、图形表征、语言表征、操作表征、情境表征等。Jonassen 认为可以通过多元表征方式对复杂问题进行表征，这样可以从多个角度理解

---

① 黄砾卉，张庆林，陈宁．论批判性思维训练与问题解决教学的有效结合 [J]. 阿坝师范高等专科学校学报，2006（1）:118-120.

② 张林林．基于问题链视域下数学多元表征探究 [J]. 文理导航（中旬），2021（12）:40-41.

复杂问题。①

因此，多元表征能力是一种灵活建构信息、传输信息的能力，其在问题解决教学的“分析与解答”环节中起着重要作用。问题解决者在面对问题时，要基于具体问题情境，综合运用各种表征方式去转换加工信息，形成表征。对信息和问题的表征虽不能直接解决问题，但会影响针对问题的关键特征形成的假设，以及根据该假设采取对应的解决策略和结果，这是问题解决过程中的关键。因此，在形成表征的过程中，不仅要审视自己的假设是否合理，对问题和信息的理解是否妥当，并不断自我校准；还要采用适合自己的方法去转换信息、表征问题，否则就可能得到错误的结果。这正是批判性思维“理解—分析—反思”技能所需要的。

◆**推理论证能力**

推理是思维的基本形式之一，是由一个或几个已知的判断推导出一个未知结论的思维过程，即将已有知识发展为新知识和新理解的过程。推论的论据相当于推理的前提，论点相当于推理的结论，从论据导出论点的过程（即论证方式）相当于推理形式。一个复杂的论证过程则涉及一个或多个推理的结果，表现为推理系列，是推理形式的运用。②《课标（2022 版）》明确阐述了推理能力的含义，主要是通过观察、实验、归纳、类比等获得数学猜想，并进一步寻找证据、给出证明或举出反例；能清晰、有条理地表达自己的思考过程，做到有理有据；与他人交流的过程中，能用数学语言合乎逻辑地进行讨论和质疑。论证是由已有的正确前提到被论证结论的一连串的推理过程。③推理论证能力是运用数学知识、思想和方法分析问题、解决问题的核心能力。

如上所述，在小学数学“问题解决”教学中，推理论证能力是指对已有的观点或数学对象（概念、关系、性质、规则、命题等）进行逻辑性思考（观察、实验、归纳、类比等），对问题的多种选择做出推断，包括达到目标的方法、措施等，并结合相关信息进一步寻找证据、给出证明或举出反例，对已有事件或问题做出合理的决策、观点等。其基本要求就是：会用观察、实验、归纳和类比等进行大胆猜想；运用推理方法进行论证；能用数学语言准确表达自己或他人的观点及结论形成的依据，条理清楚，合乎逻辑。

① 张亚梅，陈曦．解读乔纳森的问题解决观 [J]. 中国教育技术装备，2009（12）:66-67.

② 陈晓燕，于芳．学会思考：小学数学教师批判性思维教材 [M]. 长春：吉林大学出版社，2019:5.

③ 中华人民共和国教育部．义务教育数学课程标准：2022 年版 [S]. 北京：北京师范大学出版社，2022.

◆不断反思与自我校准的能力

批判性思维者不只是对结果进行审查，更侧重于对思维过程的评估和反思。不断反思与自我校准的能力是指能够自我监控和管理自己的思维过程，即不仅能够有意识地监控自己认知活动的过程和结果，还能自我校准发现的错误与不足。可看出这一能力主要侧重于自我审查和自我校正。接受任何观点或者主张均需经过审视、质疑，此时必须要有理由或者证据，同时需要敢于质疑、确证或改正，从而达成共识——修正和完善。在这样反思和调节中，批判性思维得以发展。

在小学数学"问题解决"教学中，"不断反思与自我校准"贯穿全过程，主要指在自己解决问题的过程中，要对自己的行为进行自我监控和校准；在问题解决之后，要对思维的全过程、认知结构的建构过程、学习策略的选择以及使用的特征等进行全面反思，同时还能对问题解答结果的正确性进行验证，否则学生可能无法正确解决问题或者解决了也不清楚问题的价值和意义，不明确所构建的认知结构的意义。①

5.1.4 "理解—分析—反思"技能的水平层次

根据批判性思维的"理解—分析—反思"技能的内涵及关键要素分析，可结合SOLO分类理论对其进行水平层次划分，以便落实在教学中，教师能够更好地把握学生的思维发展层次，具体详见表5–1。

表5–1 "理解—分析—反思"技能的水平层次划分

水平	评估获取信息的能力	多元表征能力	推理论证能力	不断反思与自我校准的能力
水平0	不能获取信息，不能理解问题情境	不会用表征方式表达自己的思维	没有推理论证的意识和过程，也不能给出结论	不能对问题解答的正确性进行审查和修正；不能对解题过程进行检验；不能对问题解决策略进行总结和迁移
水平1	只能获取部分信息，不能理解问题情境	能够利用单一表征外化思维，但不能完整表征	有推理论证的意识和过程，但推理有错误，推理不完整或推理没有条理	能对问题解答的正确性进行验证；不能对解题过程进行检验和修正；不能对问题解决策略进行总结和迁移

① 李金玉．数学问题解决教学方法研究[D]．金华：浙江师范大学,2003.

（续表）

水平	评估获取信息的能力	多元表征能力	推理论证能力	不断反思与自我校准的能力
水平 2	能全面获取信息，不能理解问题情境	能够正确利用单一表征外化思维	对已有的数学信息进行合理的推断，且结论正确，但不能对自己的解答过程提供合理依据	能对问题解答的正确性进行验证；能对解题过程进行检验和修正；不能对问题解决策略进行总结和迁移
水平 3	不能获取有效信息，能理解问题情境	能够选择多种表征方式，但是对问题对象不能正确表达和呈现	对已有的数学信息进行合理的推断，能对自己的解答过程提供合理依据，但不能清晰表达选择该方法的原因以及论证的过程来支持自己的立场	能对问题解答的正确性进行验证；能对解题过程进行检验；能对问题解决策略进行总结，但不能正确迁移
水平 4	能获取有效信息，能理解问题情境	能运用数学观念的不同表征模拟数学问题情境，对问题进行模型化处理	对已有的数学信息进行合理的推断，能对自己的解答过程提供合理依据，能用不同的策略支持自己的立场	能对问题解答的正确性进行验证；能对解题过程进行检验；能对问题解决策略进行总结和迁移

5.2 “理解—分析—反思”技能的培养策略

“理解—分析—反思”技能的培养可使人学会如何正确地思考，发展人的思维品质，提升人的批判性思维。那如何利用“问题解决”教学有效促进学生批判性思维“理解—分析—反思”技能的发展，从而提升他们灵活处理问题的能力？接下来将基于批判性思维“理解—分析—反思”技能的关键要素，分别阐述其培养策略。

5.2.1 评估获取信息的能力培养

小学数学“问题解决”教学中的评估获取信息的能力主要是指能够在问题情境中准确理解题目的意思，分析“可利用的资源”（信息或条件），从而有效利用恰当的方式整理信息、运用信息。

◆理解问题情境，准确解读信息

问题情境是一种以激发学生问题意识为价值取向的数据材料和背景信息。问题情境中的信息通常以多种形式呈现，主要有文本、图画、图表，这些信息的获取对问题解决起着重要的导向作用，问题解决者需要善于读懂问题情境中所呈现的信息、蕴藏的知识点以及之间的关系。因此，培养学生理解问题情境的能力，针对不同形式的信息，需要提出不同的培养要求。

（1）有序观察图画，全面获取信息

有序观察与思考是重要的思维习惯。尤其是面对观察范围较大、内容较多的图画时，观察随意性大、目的性不强就会影响信息获取，这时就需要挖掘图画的意图、将图细化，逐步培养学生有序观察与思考的思维意识，提高读图能力。

首先，要加强观察内容的指导。当图画呈现时，培养学生从数学角度观察的意识，关注数学的信息，收集数学信息，同时能够关联这些信息。例如在人教版一年级上册第六单元《11~20 各数的认识》中情境图呈现了很多杂乱无章的物体个数，提问“你知道了什么？”这一问题，要引导学生从数学的角度来观察，而不是仅限于观察图画的内容，忽略物体数量这一信息。

其次，要加强观察顺序的指导。通过提问：“在观察图片时，有什么方法能让我们不重复不遗漏呢？”引导学生按照一定的顺序去观察（从上到下、从左到右），使其有目的的观察图画，感知事物数量的特征，培养学生观察的有序性。

（2）从问题入手，筛选有用信息

在面对蕴藏丰富的信息或数据时，问题解决者首先需要确定相关信息和多余信息分别是什么，然后利用信息间的组合，获取新信息，从而提高对信息的识别与筛选能力。

有些问题中文字类的信息比较多，但大部分是多余信息，此时就需引导学生先从问题入手，看看问题是什么。若“主题”不同，则可根据主题选择有用信息；若主题相同，则根据问题寻找有用的信息。例如“王伯伯今年种了 32 棵梨树，48 棵苹果树，平均每棵苹果树可收 62 千克苹果，王伯伯种的苹果树今年共收苹果多少千克？”通过问题，要先寻找与“苹果树”有关的信息，而“32 棵梨树”明显和所求问题无关，像这样的信息就属于多余信息。学生通过寻找对应的关键词，就能明晰有效信息，不至于找错信息或者乱找信息。

（3）合理运用图表，获取信息

相较于文本和图画，图表以一种更易于快速理解的方式呈现信息。对于图表类信息的获取，一般按照以下步骤：首先，读标题（图表的名称），标题反映主题或中心，只有把握住图表标题，联系其内容才不容易犯方向性的错误；其次，读图表的项目和数据内容，了解表示的意义；再次，读结合起来的数据变化，从而全方位地获取信息。

统计图是小学数学教学内容之一，以人教版四年级下册第八单元《统计》的一道练习题为例：

下图是我国 2006—2011 年电话用户数统计图。

（1）哪年的固定电话用户最多？哪年的移动电话用户最多？

（2）你还能获得哪些信息？请提出两个问题并解答。

图 5-2

该题通过“你还能获取哪些信息？请提出两个问题并解答”，引导学生发现该统计图传递的信息。首先，这幅统计图的主题是“我国 2016—2011 年电话用户数”，其中有固定电话和移动电话两种类别；其次，横轴表示电话用户数的年份，纵轴表示每一年的用户数多少；再次，根据条形统计图的“高矮”可以明确对应年份所用电话的用户数。

需要注意的是，这几个步骤只是培养学生读图表能力的抓手，最重要的是在教学中培养学生看到图表能够读懂其中信息的能力，逐步形成这种思维意识，做到迁移。

◆信息整理，分析可视化

读懂文字、情境背后隐藏的信息，在阅读信息量较大的文本时，问题解决者很容易束手无策，不能理解信息的内涵与联系，导致不加思考随便作答；甚至没有理解信息之间的关系，仅凭机械化记忆进行操作。为了更好理解题意要求，就需将信息简化，通过整理把信息和问题变得更加清晰化、可视化。使用列表、线段图、示意图等是处理信息的常用手段，适用于信息较多的时候，其实质是将情境中的已知条件和问题进行浓缩与分类，是一种重要的思维方式。

在“问题解决”教学中，教师应以简明的方式指导学生整理信息，把题目读“薄”，明晰信息之间的关系。通过在教学中培养学生信息整理的意识，在日后遇到其它情境时就能主动想到整理信息、获取信息，从而得到相关策略。

表 5–2　三种信息整理方式策略

信息整理方式	举例说明	内容要素
列表	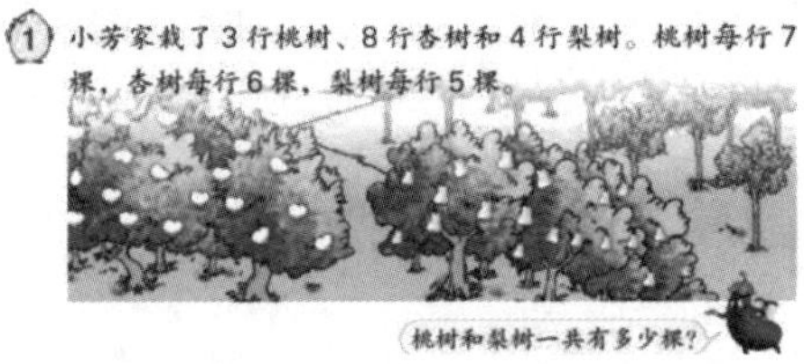 苏教版四年级上册第五单元例 1《列表整理条件和问题》 桃树 | 梨树 3 | 4 每行 7 棵 | 每行 5 棵	以文字叙述的方式呈现，条件较多，传递信息的方式比较杂乱，逻辑、线索不清晰，难以明白信息之间的联系，不利于学生分析问题、厘清关系。利用列表整理题目中的条件和问题，让学生把信息按照一定的对应关系排好。通过列表对信息进行梳理，一目了然，同时也是学生后续分析信息的基础，为解决问题提供了思考
示意图	**6 小丽和小宇之间有几人？**  人教版一年级上册数学《排队问题》 第 10　第 15 ○○○○○○○○○●●●●●●	画示意图是用来模拟具体情境或事物运动变化的过程。要解决这个问题，首先就要明白题目是什么意思。那就可引导学生通过画图表示出数学信息，明晰信息之间的关系。学生有了这样的画图意识，在遇到复杂的问题时就能主动想到画图整理信息，从而得到问题解决的策略
线段图	小宁和小春共有 72 枚邮票，小春比小宁多 12 枚。两人各有邮票多少枚？  苏教版四年级下册《用画线段图整理信息》	画线段图是一种常见整理信息的形式，能把信息更直观地体现出来，使抽象的文字具象化。教师通过提问：怎样把条件和问题在线段图上表示出来呢？引导学生学会通过画线段图把信息整理出来，简洁明了

5.2.2 多元表征能力的培养

不同的表征方式呈现不同的思维特点，多元表征则体现思维多样性。多元表征能力是指在特定情境下，能根据不同的问题情境综合运用各种表征方式转化加工信息。学生在面对复杂任务时，若缺乏批判性思维的技能，则会影响对于已有信息的正确转化加工，从而不能解决问题。因此，多元表征能力是在“问题解决”教学中培养学生批判性思维技能的关键要素。

一方面，在教学中应培养学生使用不同的表征方式，注重不同表征转换的能力，在面对一个问题时，可以培养学生将问题的原始表征方式转化成不同的表征方式，如：图形表征、符号表征、文字表征等，使学生在相互转化中体会其中的联系和区别，感受信息建构的过程，逐渐培养多元表征的意识，从而在实际解决问题过程中学会使用并选择合适的表征。避免学生形成思维定势，阻碍学生的思维发展。

另一方面，更为重要的是要鼓励学生灵活运用表征，可以采取小组合作进行生生交流，学生能在思维碰撞过程中交流彼此之间的知识与思维过程，更有益于学生多元表征意识与能力的提升与发展。

因此，教师要培养学生巧用数学表征解决数学问题，丰富学生的认知，充分发挥学习自主性，积极探索数学规律，提高学生的数学表征能力水平，发展思维能力。以人教版教材三年级上册第51页《求一个数是另一个数的几倍》的例2为例。首先教师呈现文字，引导学生找到数学信息和问题，见图5–3。

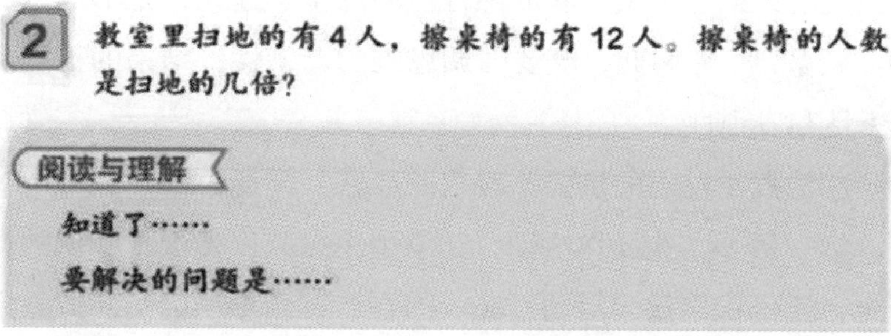
2 教室里扫地的有4人，擦桌椅的有12人。擦桌椅的人数是扫地的几倍？

阅读与理解

知道了……

要解决的问题是……

图5–3 三年级上册《求一个数是另一个数的几倍》

然后，学生通过画一画，圈一圈，把几倍关系画出来，直观表示出两个量的关系，明白自己到底要求什么。通过画一画理解题目中的数量关系，并通过推断将“求一个数是另一个数的几倍”的实际问题转化为“求一个数里面有几个另一个数”，可以用除法计算，其目标直指“一个数里面有几个另一个数”，接着通过圈一圈，说一说，清晰呈现选择该解题方法的原因以及论证的过程。

这种数形结合方式能够使得学生对信息的分析与论证过程变得更为直观和可信，学生在思考过程中手脑并用地进行活动，不仅可以加深学生对于解题方法的理解，还能够使学生借助图形理解数量关系，清晰的感受到信息之间的逻辑关系，而不是囫囵吞枣，机械化记忆，继而形成自己的数学活动经验，提高自己解决问题的能力，培养批判性思维。因此，在实际教学中，教师需落实方法，突出分析转化信息的重要作用，重点培养学生表征信息之间的关系，重视学生积累必要的策略以及表征意识。

5.2.3 推理论证能力的培养

推理论证能力是解决各种问题所必备的一种能力，通过有理有据的推理论证从而准确找到解决问题的方法。在小学数学“问题解决”教学中，针对不同类别的学习材料，需要提出不同的培养要求，从而使学生具备实际问题探究与解决能力。

◆重视推理，鼓励猜想

猜想是进行科学探究必备的一种高层次思维活动，是在观察、操作或根据已有知识经验的基础上对问题的发展趋势或本质规律进行归纳、判断的思维过程。因此，发展大胆猜想、敢于创新、主动探究的意识，有利于培养好奇心和求知欲，探索解决问题的路径、拓宽解决问题的思路。鉴于此，在“问题解决”教学中就可引导学生用观察、实验、归纳、类比等方法进行有理有据、合乎规律的猜想。其培养可以从以下方面入手：

（1）在观察和实验中提出猜想

观察和实验是收集科学事实，获取感性经验的基本途径，是形成、发展和检验自然科学理论的实践基础。① 因此，既要强调思维的严密性，结果的正确性，也要重视思维的直觉探索性和发现性。

观察和实验也是数学发现的重要手段之一，在“问题解决”教学中，可以通过摆一摆、剪一剪、量一量等实验操作活动，让学生去探究、发现新知识的奥秘，通过观察得出合理猜想，还可积累数学活动经验。如在“三角形的内角和”教学中，先让学生通过量一量算出每块三角板上三个内角的和是180°，进而引发学生大胆猜想：其他三角形的内角和也是180°。

① 张奠宙，过伯祥．数学方法论稿 [M]. 上海：上海教育出版社，1996.

（2）在归纳中提出猜想

主要是指通过对具体实例或学习材料进行观察、比较、分析，找到蕴含的共同特征，概括出一般的规律，并推断出所有该类事物都有此规律，进而提出猜想。其思维进程是从特殊到一般。如在“商不变的性质”教学中，学生观察算式的共同特征，大胆提出猜想：被除数同时乘或除以相同的数（0 除外），商不变。

（3）在类比中提出猜想

是指运用类比的方法，对两个或两类事物进行比较，从中找出若干相同或相似的方面后作出猜想。其思维进程是从个别到个别。在教学中常常利用新旧知识间的某些相似处进行类比推理，从而使学生具备举一反三、触类旁通的能力。如在“圆柱的体积”教学中，考虑到长方体、正方体和圆柱体外在形式相似的特点，从而发现其共同点：体积均可用“底面积 × 高”表示。通过类比教学引导学生作出猜想：圆柱体的体积公式 = 底面积 × 高。这样可以使学生积极参与数学学习，促使学生自主学习和探究，提高类比推理能力。

◆巧用推理方法，合理论证

合情推理是指先根据已有的事实，凭借经验和直觉，经过观察、分析、比较、联想；再进行归纳、类比；然后提出猜想的推理。小学数学“问题解决”教学中的推理方式主要以合情推理为主，但其仅仅是一种猜想，存在不确定性，未必可靠，还需要进行检验和论证。因此，学生需要掌握一些基本的演绎推理方法，能够合理选择并运用推理方法进行论证。推理方法将主要从举例验证、实践验证和演绎论证三种方式进行阐述。

（1）举例验证

指通过举例的方式来证明猜想是否正确，分为举正例和举反例。举正例是用不完全归纳法来验证猜想，从而使得结论更符合逻辑。如在“加法交换律和结合律”教学中，通过对几个特殊情况的讨论，猜想某种规律的存在：交换两个加数的位置，和不变。然后在自然数范畴中大量举出其他类型的数，归纳出加法交换律的形式，进而验证发现的规律是正确的。而举反例是否定原来的结论或猜想。

（2）实践验证

指借助直观活动进行实际操作的方法来验证猜想。如在“平行四边形的面积”教学中，通过数平行四边形的方格数猜想：平行四边形能否转化成长方形？在验证猜想的过程中，可以引导学生通过剪一剪、拼一拼的方法，把平行四边形转化成长方形，从而得出其面积公式。

（3）演绎论证

在数学问题解决中，强化演绎论证，是提升数学推理论证能力的重要方式。演绎推理往往和合情推理相互联系、相辅相成。因此，在教学中应重视演绎推理，渗透证明，充分挖掘潜在要素。如在“三角形的内角和”教学中，先提供特殊三角形（已知内角度数），由特殊三角形得出猜想：三角形的内角和是180°。接下来进行验证，让学生分别量一量3个一般三角形的内角和，并通过拼三角形的3个内角，观察是否能拼成平角，并让学生验证自己做的三角形的内角和是否是180°；最终验证猜想。这节课通过“先量后拼”，引导学生在归纳的基础上进一步论证说明该结论的正确性。

◆清晰表达，发展思维

良好的语言表达有助于推理论证能力的提高，在类比、猜想、论证的过程中不断发展推理论证能力的同时，必须落实语言表达能力的培养，养成有理有据的好习惯。因此，应鼓励学生用简洁、准确的语言（包括数学语言）清晰表达选择该方法的原因以及论证的过程，做到敢于质疑、条理清晰、言必有据、合乎逻辑。在教学中，首先要注意表达的精炼准确性。其次注意表达的逻辑性，在表达时前因后果要清晰，符合知识内容的逻辑顺序，符合客观事实，准确无误。

5.2.4 不断反思与自我校准的能力培养

学习的过程是认知同化或顺应的过程，不断反思与自我校准是认知同化或顺应过程的重要步骤，主要是指对自己的认识过程及结果的再认识，深化自己的理解，优化思维过程。因此，其能力的培养主要涉及三个方面：对过程进行检验；对结果的正确性进行验证；对解决策略进行总结和迁移。教师应从这三个方面进行引导，让学生具备反思意识，并在反思的过程中不断自我校准，从而更好的促进自身思维的发展，提高批判性思维学习力。

因此，在“问题解决”教学中将从这三个方面去优化学生的思维认知结构，帮助学生建立“不断反思与自我校准”的模式，使学生形成不断反思、不断校准的思维意识与思维习惯。

◆回顾检验，关注过程

一方面要重新审视整个解题过程的元认知，检验解决问题的思路是否正确，学生经历一系列的活动任务，思维比较散乱，通过对过程的回顾可以将这些散乱的思维进行联结，进而完善自己的认知结构。另一方面要检查算式是否正确，确定思路正确后，判断算式是否正确表达图的意思或者算式是否与思路相匹配，再次审视每个算式所代表的意义，以及是否解决了对应的数学问题。

对于过程的检验回顾，教师可以向学生抛出一系列问题，如：我们最开始遇到了什么问题呢？从哪里着手的？后来又遇到什么问题呢？又是怎么解决的呢？帮助学生有序回顾整个探究知识的过程。

◆验证正确性，检验结果

在教学中，需要培养学生对结果的合理性进行有效判断，则应让学生在反思中获得检验的多种方法，不同的检验方法各有利弊，实际应用时需根据问题本身特点灵活进行选择。

关于解决问题的检验方法常有代入检验、直观检验、多解检验等。代入检验是指把解得的结果作为已知条件代入原题中，将原本的已知条件作为问题，变成一个新的问题，如果与原来信息相同，则结果正确。此种检验方法非常实用，是每个孩子都要掌握的一种基本检验方法，与计算中的验算和解方程中的检验类似。直观检验是指利用操作、画图、列表等方法进行检验，这种方法一目了然，能形象直观地看出结果是否正确。多解检验是指用不同的方法解同一道题，如果答案相同则判断解答正确，用这种方法也可以检验结果的正确性。

总而言之，在教学中让学生多体会检验方法的多样性，提高学生的应用意识，这样就能够在之后的学习过程中主动反思，在反思中发现错误，并进行校准。

◆形成策略，有效迁移

回顾问题解决所经历的整个过程，总结解决问题的一般步骤或解决问题的策略是深化理解、积累解决问题经验、形成解决问题技能的重要一环。周玉仁教授认为：“教学中要重视学生运用不同策略解决问题的自觉性和灵活性，引导学生经历策略形成过程，重视对策略应用的反思。“对经历的过程进行总结与迁移”是“问题解决”教学的有力手段，是实现对策略深度理解和合理选择的有效方式，从而强化学生使用策略的要领。

因此，教师要引导学生反思相关策略的学习经验，反省有哪些因素会影响自己的思维，帮助学生强化解题策略的理解，更好地进行思维内化，拓展策略的应用，继而使得后续的问题解决更加高效。学生通过评估和反思自己在问题解决过程中遇到的问题，通过总结能加深对已有知识的理解，并培养自己举一反三的能力，从而有效提高自己的批判性思维。

例如，在五年级下册《解决问题的策略——转化》的例1呈现了两个稍微复杂的不规则平面图形的大小比较问题，见图5-4。在教学后，教师引导学生进行回顾与反思。

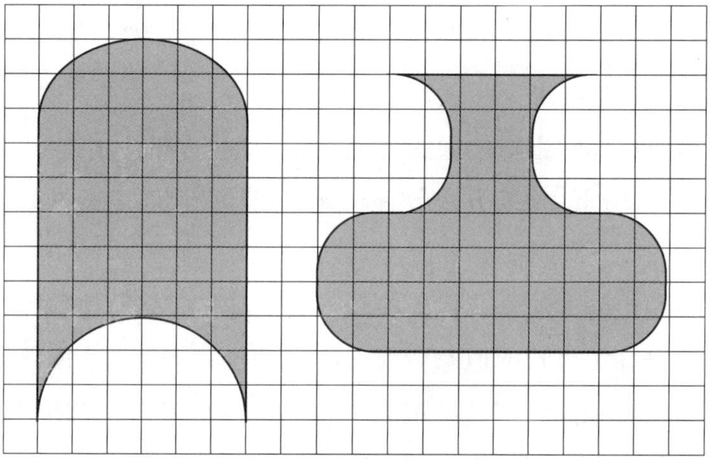

图5-4 《解决问题的策略——转化》

教师：我们回顾一下，我们刚刚在对不规则图像转化时用了什么数学方法？

学生：平移和旋转。

教师：在使用转化策略时我们需要注意什么？

教师：比较面积，转化时注意面积大小不变，这叫等积转化。

教师：应用转化策略，有什么优点？

学生：可以把不规则图形转化成规则图形，把未知转化成我们学过的，把复杂的问题转化成简单的问题。

教师：想一想，我们曾经运用转化策略还解决过哪些问题？

学生：推导三角形的面积公式时，转化成平行四边形。计算异分母加减法时，转化成同分母分数。小数乘法转化成整数乘法计算……

学生通过对过程的反思，进行总结和迁移，可以再次体会化繁为简、化已知为未知的转化策略。明确转化策略的方法适用性，形成相应的经验与技巧，促进转化的迁移，进而拓展其转化策略的应用。这样能够在其他复杂情境中解决新的问题，提高批判性思维。因此，教师在教学时一定要加强学生技能的培养，使得学生可以在深度反思中发展问题解决的能力，促进批判性思维技能内化与提升。

◆**谦虚谨慎，不断校准**

在其他人汇报作品前，需要提醒学生要认真倾听，真正做到“听清楚”：眼睛跟着声音走，学会注视；别人发言时，不举手，不打断；不发出其他声音，不乱动，让所有人都能听清楚。在别人汇报时学生需要思考以下 3 个问题：他说的我理解了吗？别人的与自己的有什么不一样么？还有什么不同的方法？等汇报结束后再表达自己的想法，作为教师不应予以忽视。要营造一个安全、平等的课堂氛围，使学生交流表达做到谦虚谨慎，同时教师还需有意识地引导学生关注作品，尊重他人，能够做到外察内省，积极引导那些错误的学生在倾听的基础上，明晰自己错误的原因，也鼓励其他学生多站在对方的角度观察并思考，通过将同伴的解答策略和自己的进行对比、判断、反省，从而做到真正理解。

在“问题解决”教学中对学生“理解—分析—反思”技能的培养，不仅可以帮助学生解决数学问题，还可以在遇到其他现实情境时能在开放性思维中经过观察、解读、分析、验证等过程进行多角度思考，灵活处理问题，使学生具备批判性思维学习力。

5.3 “问题解决”教学中“理解”技能培养案例

批判性思维中的“理解—分析—反思”技能与问题解决的技能具有一致性，其中，“理解”技能在问题解决的“阅读与理解”环节得以体现。要实现在教学过程中培养学生的“理解”技能，关键是培养学生评估获取信息的能力，也就是当学生在面对现实情境或问题时，能找出与问题相关的信息，并进行评估和整理，为接下来分析信息做好铺垫。这就要求我们在教学过程中引导学生根据问题从文本、图文和图表中提取有效信息，让学生在审题的过程中逐步形成主动观察、辨别信息的意识，培养对复杂信息进行整理的习惯。

教学片段 1：理解问题情境，准确解读信息

教学内容：《人教版义务教育教科书 · 数学》一年级上册 P57，“8 和 9”解决问题。

教学过程：

教师（出示主题图）：同学们，你们看，森林里可热闹了，观察一下，看看图上都有什么？

学生们：有天鹅、有小鹿、有蘑菇，还有大树。

教师：看来这幅图中蕴藏的信息可真不少，关于小鹿，从图中你知道了什么？

【**批判性思维培养说明**：通过“森林图”创设有趣的情境，激发学生的好奇心，“关于小鹿，从图中你知道了什么？”通过老师的提问，引导学生聚焦于与小鹿有关的数学信息，让学生建立主动获取信息的意识。】

学生1：我知道了一共有9只小鹿。

教师：你是怎么知道的？

学生1：我是数出来的。

教师：你能上来试着数一数吗？（学生上台边指边数）

学生2：我觉得不一定是9只，有的小鹿可能被草挡住了。

教师：你们认为呢？

学生3：我觉得不用这么麻烦，可以直接看图里的那行字就知道了。

教师：你能上来指一指吗？

学生3：（指着图中的文字）这里写了“一共有9只小鹿”，所以就不用数了。

【**批判性思维培养说明：**当学生发现通过图片去数小鹿的数量容易出现错时，能勇敢地提出自己的想法和质疑，并寻找更好的解决方法，说明学生在老师的引导下开始学会观察和分析，不盲目判断获取的信息，培养了学生在面对题目中给出的信息时，保持谨慎的态度。】

教师：大家觉得哪种方法更好？

学生4：我觉得数好，因为我习惯数数的方法。

学生5：我觉得看字好，那样就不用再数了，如果要数很多也比较麻烦。

学生6：我也觉得看字好，因为数有时会出错。

教师：看来关注图中的文字信息很便捷，就不用再数了；而且当我们发现数出来的数量和文字不一样时，哪个更准确？

学生7：文字更准确，数有可能会数错。

【**批判性思维培养说明：**通过师生对话，学生逐渐认识到在观察信息时，不仅需要关注图画中的信息，还需要关注文字信息。同时，学生通过经历分析和整合信息的过程，逐步养成系统性思考的习惯。】

教师：很好！那同学们除了知道“一共有9只小鹿”这个数学信息以外，关于小鹿图，还知道了什么？

学生1：还有一共有8只天鹅。

教师：天鹅的数量跟小鹿图有关系吗？

学生2：我觉得没有，我们就看跟小鹿有关的就好了。

教师：是的，我们在找信息的时候，只需要找与我们讨论的相关内容，没有关系的，可以先不看。同学们继续观察吧！

学生3：问题是“还剩几只小鹿？”

教师：你们知道了数学问题，还知道一共有9只小鹿，就能解答这个问题吗？

学生4：图中还有一个数学信息，有3只小鹿跑走了。

教师：也就是说，要解决“还剩几只小鹿”这个问题，我们既要知道小鹿一共有9只，还要知道跑走了3只。谁能完整地说一说关于小鹿我们知道了什么数学信息，要解决的问题是什么？

学生2：一共有9只小鹿，跑走了3只，还剩几只小鹿？

教师：你说得非常完整，声音也很洪亮，谁还想来试一试？现在每个同学都试着说一说吧。（全班尝试说图意）

【**批判性思维培养说明：**在这个环节中，学生观察的范围较大、内容较多，学生需要收集能解决问题的有用信息，排除图中与“小鹿”无关的信息，也就是排除“蘑菇图”和“天鹅图”的信息，培养了学生的读图能力。此外，学生不仅要找出小鹿的总数，还要思考从图中找出哪些有用的数据才能解决问题，也就是不仅得知道总数，还得知道一部分的数量才能求出另一部分的数量，培养了学生全面收集信息的能力。但是如何判断学生已经理解了问题情境了呢？这就要让学生准确、清晰、有条理地表达出小鹿图所呈现的完整故事，既包含两个信息，还有一个问题，培养了学生的准确解读信息的能力。】

教学片段2：整理信息，明确数量关系

教学内容：《人教版义务教育教科书·数学》三年级上册P72，归总问题。

教学过程：

1. 获取题目信息

（出示题目）妈妈的钱买6元一个的碗，正好可以买6个。用这些钱买9元一个的碗，可以买几个？

教师：请同学们独立读题，说说你发现了哪些数学信息？

学生1：妈妈的钱可以买6个6元的碗，用这些钱能买几个9元的碗？

教师：“这些钱”是指什么呢？

学生1：就是买6个6元一个的碗要花的钱。

学生2：就是妈妈买碗的总钱数。

教师：看来“这些钱”也是非常重要的数学信息。那问题是什么呢？

学生2：用这些钱可以买几个9元一个的碗？

【**批判性思维培养说明：**学生在讨论题目中的数学信息时，在老师的引导下聚焦在“这些钱”的含义上，初步感知“总量不变”，在读题的过程中培养了学生分析信息的意识。】

2. 用画图的方式表示信息

（1）画图表示“买 6 个 6 元的碗”

教师：你们能用画图的方式表示出“妈妈的钱买 6 元一个的碗，正好可以买 6 个”这些信息吗？试试吧！

（展示学生作品）

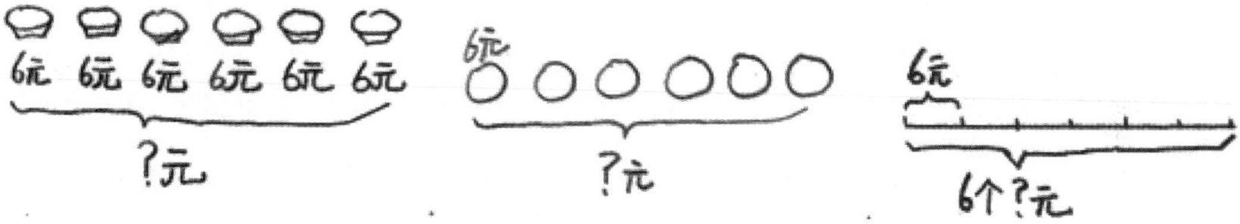

教师：你们能理解这 3 位同学表达的意思吗？

学生 1：能，他们画得不一样，但是都表示出来了一个碗 6 元，买了 6 个碗。

教师：你们觉得哪种画法更简洁？

学生 2：第 3 种，因为用一条线段就画出来了，不用一个一个去画圆或者其他图形。

教师：那我们一起来看看这位同学是怎么表示一个碗的价格的？

学生 3：用 1 条短的线段表示 1 个 6 元。

教师：那 6 个碗的价格呢？

学生 4：有 6 个碗，就有 6 条一样长的线段拼在一起，表示 6 个 6 元。

教师：是的，为了方便观察，我们还可以在线段上标注出价格“6 元”和数量“6 个”。

【**批判性思维培养说明：**学生使用列表、示意图、线段图对文字信息进行处理是常用的方法，对信息的简化可以更好地帮助学生分析解决问题。这节课是学生第一次系统地接触到用线段图表示信息，也就是将文字信息转化为线段图的加工。为了帮助学生理解线段图的含义，这里先重点分析“买 6 个 6 元的碗”这个信息，培养了学生理解题意的能力和整理数据的意识；同时，在解读他人所画的示意图时，表达出自己的想法，也培养了学生的读图能力。】

（2）画图表示“买 9 元一个的碗”

教师：同学们，这道题还有哪些信息可以画图表示呢？

学生 1：用这些钱买 9 元一个的碗。

教师：那同学们再动手试着画一画吧！

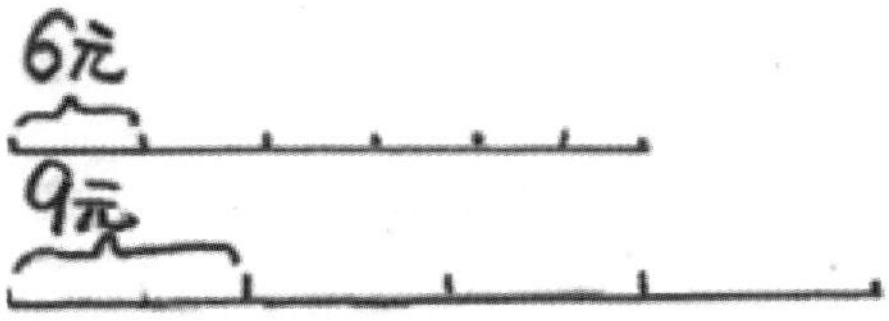

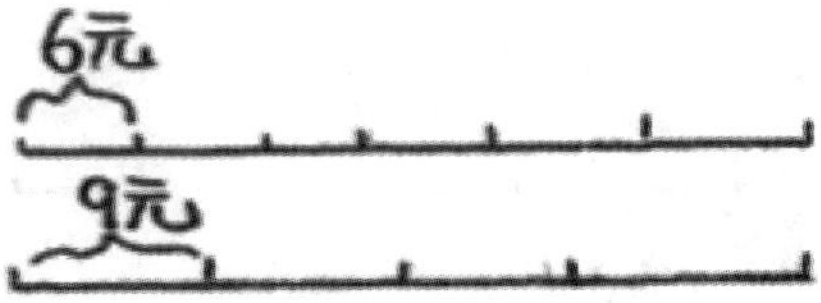

教师：对比一下这两位同学的作品，说说你的看法。

学生 1：第一位同学画的两条线段一长一短，第二位同学画的一样长。

教师：你们觉得哪种更好呢？

学生 1：我觉得第一种更好，因为 9 元的碗更贵，所以长一点更好。

学生 2：我认为第二种更好，因为妈妈用了同样的钱去买碗，应该一样长才对。

教师：题目中哪里提示了我们是“同样的钱”呢？

学生 2：就是妈妈用“这些钱”，“这些钱”既是买 6 元一个碗的钱，也是买 9 元一个碗的钱，所以是同样多的。

教师：你的想法很严谨，看来妈妈的总钱数没有发生变化，所以两条线段的总长应该一样。

【**批判性思维培养说明：**在这个环节中，学生通过对 2 幅作品的对比，发现了由于总量一样，所以线段的长度应该一样，说明学生开始学会把在读题过程中获得的隐藏信息表示出来，这样更加符合题意。这个环节培养了学生对数据处理的严谨态度和科学精神。】

教师：那再对比下这两位同学的作品，说说你有什么想法？

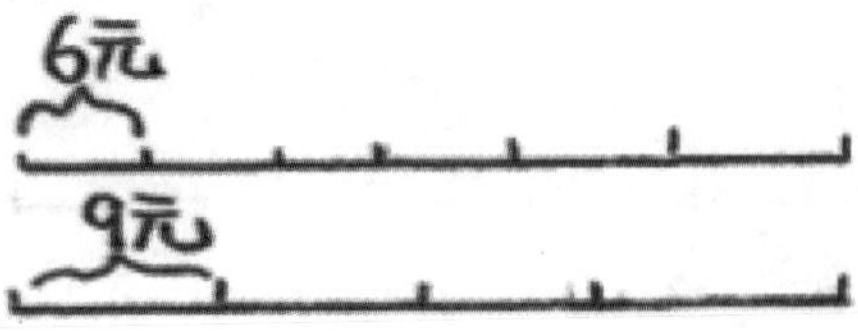

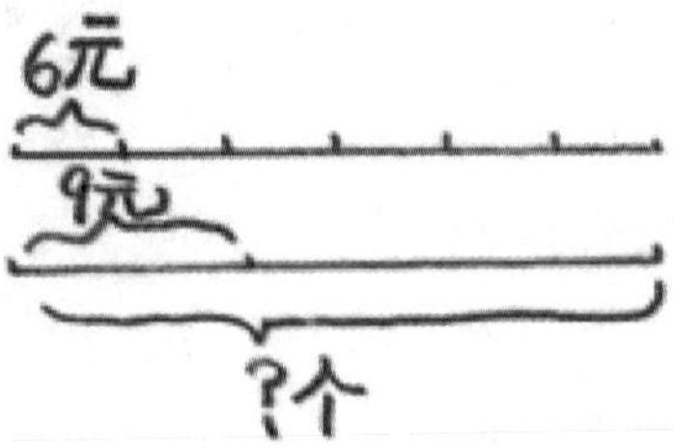

学生 1：我觉得这两幅图都画得很清楚，而且左边的图更好，可以看出来妈妈买了 4 个 9 元的碗。

学生 2：我认为右边的图更好，我们还不知道能买几个 9 元的碗，右边的图有问号，提出了“能买几个”的问题，更加符合题意。

教师：是的，我们在画图时，既要准确地表示出数学信息，也要表示出数学问题。关于这幅图，你们还有其他的想法吗？

学生 3：我认为右边这幅图也有不清楚的地方，9 元比一个 6 元多，但比 2 个 6 元少。他把“9 元”画太长了，比 2 个 6 元还要多了。所以画在 6 元和 12 元之间比较合适。

教师：其他同学同意他的想法吗？

学生们：同意。

教师：那么现在根据刚才我们的发现，小组讨论下怎样画图才能准确地表示出数学信息和数学问题。（学生讨论）

教师：哪个小组愿意来分享下你们的结论？

学生 3：我们小组讨论的结果是这样的，因为比起画圆，线段图表示价钱更方便，所以我们先确定画线段图；因为妈妈带的总钱数一样多，所以我们要把两条线段画得一样长；再在第一条线段中表示出一个 6 元碗的价钱，分 6 段表示买了 6 个；最后在第二条线段上表示出一个 9 元，要比 6 元稍微长一些，还要标出问题。

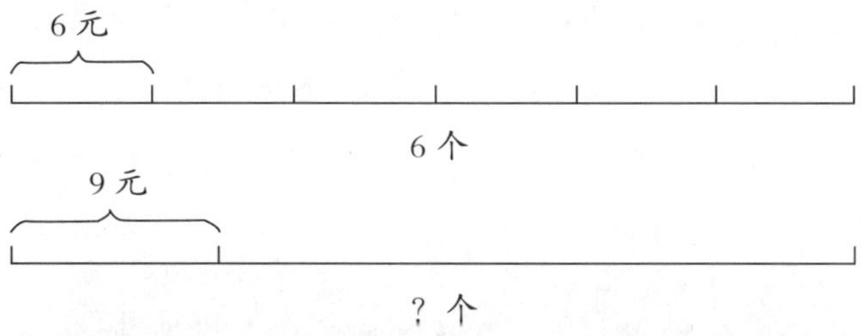

教师：你说的真完整！接下来请大家根据我们总结的方法，修改一下自己画的线段图，再在小组中说说你的信息和问题。

【**批判性思维培养说明：**在这个环节中，依旧是通过“对比”多个作品的方法引导学生逐步发现以下两个要点：首先，准确地表示题目中的信息，需要严谨的态度和对数据仔细的分析，而不是简单地表示出某一个信息。其次，理清了题目中的数量关系，才能更准确地表示出信息，这样有助于我们更快地找到解决问题的方法。在多次对比、发现中，学生思维的深度得到了提升，对信息的理解也更加深入。】

5.4 “问题解决”教学中“分析”技能培养案例[①]

学生在“问题解决”教学中明确了要解决的具体问题后，需要对收集来的信息精细加工，挖掘出更有意义的信息，灵活运用表征方式建构自己的理解。同时，在此过程中，还需要批判性地审视自己的猜想是否合理，对问题和信息的理解是否恰当，最终获得解决问题或支撑自己观点的有用的信息，进而采取恰当的解决方案解决问题。通过“分析”技能的培养，融问题解决的方法、批判性思维训练为一体。

（1）经历多元表征，建构知识意义的理解

批判性思维表现为多进程、多元、非线性的思维方式，与之相对应的是学生面对不同的问题情境能运用不同的语言方式外显思维过程，从不同的角度分析问题，考虑多种可能性。[②] 因此，在“问题解决”教学中，应注重表征方式多元化，从而做到灵活运用信息、转换信息。

课例片段 1

出示问题：王大伯想用 22 根 1 米长的木条，围一个面积为 20 平方米的长方形花圃。如果 22 根木条要全部用完，而且不能折断，你觉得他能完成这一任务吗？

（课前，学生已经就这一问题进行过深入思考与探索，并在小组内交流了自己的方法和结论。通过讨论后，学生在结果上出现了分歧。）

教师：这样，觉得王大伯能完成这一任务的，带着作品和思考上来展示和汇报。

学生 1：我觉得王大伯能完成任务。我帮他设计的是长方形，长 5 米、宽 4 米，剩下的 4 米可以放在一边。（结合交流，他还展示了自己画的示意图。）

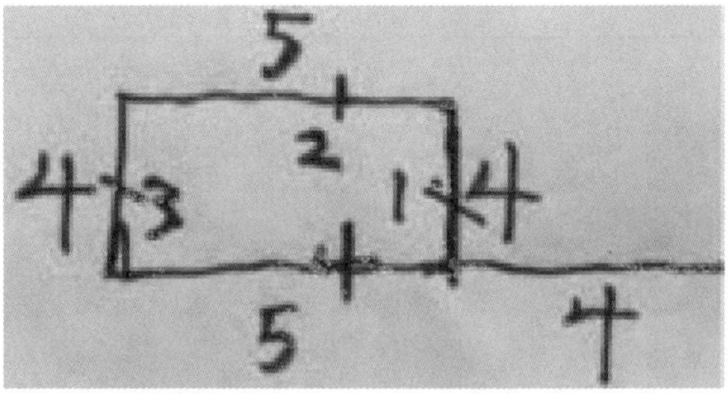

教师：还有别的思路能帮助王大伯完成这一任务的吗？

① 本课例节选自张齐华的《解决问题的策略——一一列举》.

② 陈艳珠 . 学生审辩式思维的发展路径：以小学数学教学为例 [J]. 福建教育 ,2021（23）:48–50.

学生 2：我尝试了各种方法，发现都不行。后来我仔细研究了题目，发现里面并没有说不能靠墙。所以，我决定让这个长方形花圃一面靠墙，这样，它的长可以是 20 米，宽是 1 米，正好用去 22 根木条，而面积也正好是 20 平方米。（结合交流，他也展示了自己所画的示意图。）

学生 3：我的方法和他们都不一样。我觉得围一个花圃，四周至少需要 1 根木条竖在那儿作支撑，这样一来，22 根木条只剩下 18 根。而 18 根木条正好可以围成一个长 5 米、宽 4 米的长方形，面积正好是 20 平方米。（结合交流，他也展示了自己所画的示意图。）

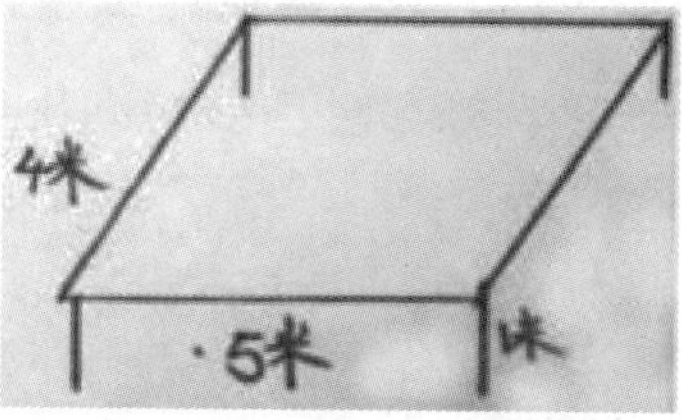

【**批判性思维培养说明**：以上环节通过前置学习让学生自主解决问题，在此过程中，学生要尽可能地去发现、搜集并全面分析已知信息。学生基于原有知识经验，选择不同的方式对问题进行表征，建构了自己的理解，初步形成猜想。教师提出“带着作品和思考上来展示和汇报”，培养学生既清楚地对数学问题进行表征，又清晰地表达自己的思考过程。这样多元的表征把学生的思维真实展现出来，也为批判性思考提供了载体。】

教师：看得出来，3 个同学都特别想帮助王大伯解决这一问题。面对这 3 种方法，能否给出你们的评价？

学生 4：我不太同意第一位同学的方法。因为题目中说得很清楚，22 根木条都要用掉，不能有剩余。但他围成长方形后，还剩下 4 根木条，所以他的方法不符合题目的要求。

学生5：第二种方法，我也不赞成。因为题目中并没有说允许靠墙，而是说，就用22根木条围一个20平方米的长方形花圃。所以，一边靠墙是不合适的。

学生6：我也觉得不行。如果允许一边靠墙的话，那么，方法就不只是这一种，比如长10米、宽2米也能围出面积为20平方米的长方形花圃。

学生7：如果允许靠墙的话，那么，我们还可以靠两面墙、三面墙，这样的讨论就显得没有意义了。所以，我还是觉得，题目没有提示有没有墙，其实就是默认我们不能靠墙。

教师：看来，大家对于第二位同学的方法基本也是持否定的观点。那么，第三种方法呢？

学生4：我觉得，他的这种方法，有点儿像脑筋急转弯。我们都在思考，怎么用木条围一个长方形，他竟然让木条竖了起来。

学生5：我觉得他的这种方法很有创意，但有一个问题，既然可以在4个角落里各竖1根木条，那我们也可以在别的地方继续竖一些。这样，符合要求的情况也就越来越多，这个问题也就失去讨论的意义了。所以，我还是不太赞成让木条竖起来。

教师：不管怎么说，这三个同学都在想尽一切办法帮助王大伯解决问题。只是解决问题时有些方式不太被大家接受。这样，如果我们将问题表述得更清楚：就用22根木条平着围一个长方形花圃，不能剩余、不许折断，也不借助其他任何条件，能够围出面积是20平方米的长方形花圃吗？

学生们：不能！

【**批判性思维培养说明：**当学生展示的结果中出现“木条多余”“利用围墙”“添加支架”等错例时，教师提出让其他学生进行评价，批判地分析同伴的理解是否合理及其对问题的处理是否恰当。促进学生对信息再次进行仔细鉴别和评估，从而更加深入全面地理解信息。让学生能够在充分思考、充分探究和充分分析的条件之下，进行问题的深层次拓展，形成敢于质疑、独立思考的基本学习习惯。学生将自己的方法介绍给其他同学，突出了自我解释能力的培养，同时在他人的批判中再次反思，实现自觉改进。】

（2）激发推理论证意识，发展数学思维

学生要从信息中得出具有一定深度、一定意义的结论，就需要进行更加深入的分析与思考，批判性思维主要工作就是考察论证过程，因此要培养学生的批判性思维，需要提供足够多的机会让学生学会正确的推理方式，学习更为缜密地思考问题，学习如何用恰当的表达方式去说服别人。①

课例片段 2

教师：我们都知道，22 根木条可以围出多种不同的长方形，为什么你们觉得不能？能否展示出你们的研究和思考过程？特别提醒一下，接下来的时间里，每一位同学展示完毕后，台下的同学可以就着他的作品和思考，给出你的评价和建议。

学生 1：我试了一下，如果长是 7 米，那么宽就得 4 米，但这个长方形的面积是 28 平方米，不符合问题的要求。所以我觉得王大伯的要求不可能实现。

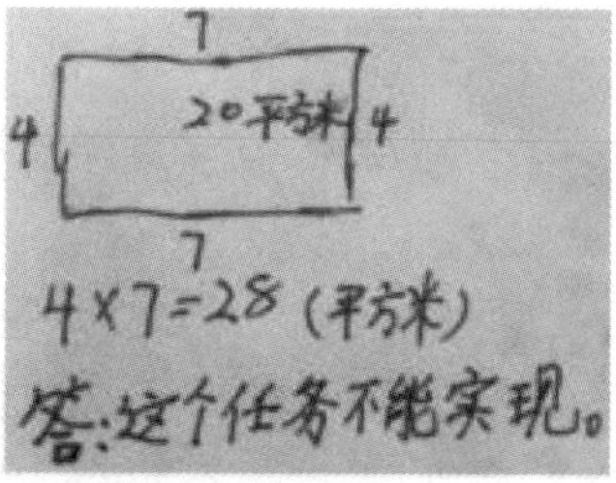

学生 2：我反对。虽然我也觉得这个任务不能实现，但你只举了一个例子是不能说明问题的，因为周长 22 米的长方形有好几种，万一有另外一种长方形的面积正好是 20 平方米呢？

教师：能给大家展示一下你的作品吗？

学生 2：我先用 22 除以 2，发现这个长方形的长与宽的和是 11 米。然后，我想办法把 11 分成两个数的和，发现只有这样 5 种分法，但这 5 种分法得出的长方形面积都不是 20 平方米。所以，我认为王大伯的任务没法实现。

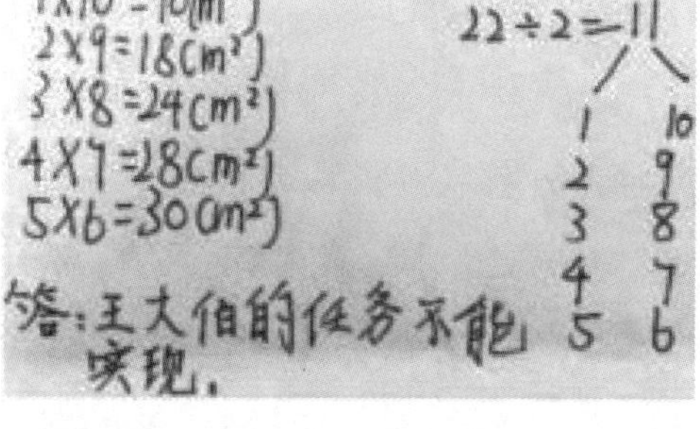

① 范建成 . 基于批判性思维培养的小学数学课堂重构 [J]. 教育科学论坛，2019（32）：24–27.

学生3：我的方法和他的很相似，只不过我是列表的。通过列表，我也发现周长是22米的长方形有5种情况，但每一种长方形的面积都不是20平方米。所以，我也觉得王大伯的任务不可能完成。

没有可能完成这个任务

宽	1	2	3	4	5
长	10	9	8	7	6
面积	10	18	24	28	30

教师：两种方法看似不同，但仔细观察一下，有没有发现什么相似之处？

学生4：我发现他们举例时都很有顺序，比如长方形的宽，从1一直列举到5，一个比一个大，而长方形的长从10一直列举到6，一个比一个小。

学生5：我觉得按这样的顺序列举，有一个好处就是不容易遗漏。如果不按顺序列举，弄不好就会漏掉某一种情况。

教师：说得真好！看来，列举时我们要按一定的顺序进行。不过，我有一个疑惑，为什么非要把所有情况都列举出来，列举两三种情况，不就能说明问题了吗？

学生6：不行。因为题目问：王大伯的任务能实现吗？既然要说明不能完成，就得把所有情况都列举出来，并且一个一个验证。只有这样，我们才能说明王大伯的任务不能完成。如果漏掉一个，而这种情况正好是符合要求的，那就麻烦了。

教师：看来，为了解决问题，我们在列举时，不仅要按顺序，而且得把所有情况都列举出来，这在数学上就叫“一一列举”。（板书：有序、一一列举）还有没有不同的方法需要展示的？

学生7：我也是一一列举的，但我是根据面积来列举的。我发现，面积是20平方米的长方形，只有3种情况。而通过计算，我发现它们的周长都不可能是22米，所以，王大伯的任务不可能完成。

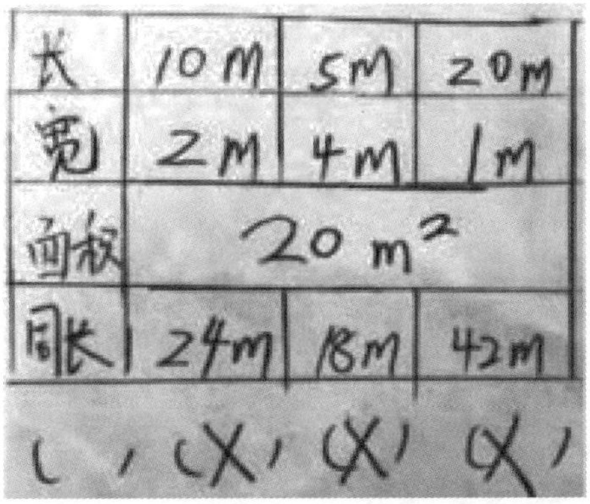

长	10m	5m	20m
宽	2m	4m	1m
面积	$20m^2$		
周长	24m	18m	42m
( )	(×)	(×)	(×)

【**批判性思维培养说明：**通过之前的思考和讨论，学生已经产生了“王大伯的任务不可能实现”的猜想，但教师提出“为什么你们觉得不能？”让学生进行反向验证，而“反例”能引起学生论证的兴趣，因此，这个问题就能促使学生思辨，主动进行批判性的分析，在推理论证的过程中渗透批判性思维。接着，教师引导学生观察两种不同的方法，让学生对不同观点进行比较，找到相似之处，为学生整合最优方法提供支架。学生通过算式、列表、画图等方式进行探究，在此过程中学生发现只用一个例子不能说明问题，需要列举出所有情况才能下结论，形成了初步的逻辑推理、科学归纳的意识，谨慎对待各种观点的习惯。学生从计算周长的维度找到问题的答案，再从计算面积的维度进行反证列举。不仅能培养学生包容他人不同的观点，同时还能结合自身观点进行反省。在不断的举证、辨析、判断中培养学生批判性思维的“分析”技能。】

课例片段 3

教师：通过刚才的学习，我们发现，一一列举是解决问题时一种有效的策略。正是借助一一列举的策略，我们发现王大伯的这一任务是没法完成的。不过，仔细看一下同学们解决问题时所列的表格，一个是周长确定、面积在变化，另一个是面积确定、周长在变化。仔细观察表格中长、宽、周长和面积的变化，你们有没有什么新的发现？

学生1：我发现，当长方形的周长不变时，长和宽离得越远，面积越小；长和宽越接近，面积越大。从前往后，长和宽的距离越来越接近，而它们的面积就越来越大。反过来看，也是一样的。

教师：有没有发现，列举有序时，我们还很容易从中发现一些有趣的规律？

学生 2：我发现，当长方形的面积不变时，长和宽的大小越接近，周长就越小；长和宽的大小相差越远，周长就越大。

教师：不过，这两条规律适用于所有的长方形吗？如果让你们继续来研究，你会怎么研究？

学生 3：我会继续找一些长方形，让它们周长相等，然后看看它们的面积会怎么变；再找一些长方形，让它们面积相等，看看它们的周长又会怎样变化。

教师：下面的时间，就请大家自己确定数据，验证一下这一规律是否也适用于别的长方形。（学生小组内进行研究与验证，汇报略）

【**批判性思维培养说明：**对于学生呈现的不同素材，教师提问："仔细观察……你们有没有什么发现？"引导学生进一步观察和分析表格中数据的规律，通过推理得到结论。但接着又反问："这两条规律适用于所有长方形吗？"让学生考虑多方理由并再次进行验证，培养学生为了求真、求理而去调查、分析、研究未知的信息，渗透持续追求"真"的意识。】

综上，在"问题解决"中培养学生批判性思维中的"分析"技能，需要创设良好的课堂文化，鼓励学生大胆质疑、表达、批判性评价；同时，教师需要多提一些促进批判性思维的问题，可以帮助学生扩展思维，学会从学习中汲取经验，学会从不同角度全面分析问题。让学生更清晰、全面、深入、灵活、合理地进行思考，逐步提升批判性思维品质。

5.5 "问题解决"教学中"反思"技能培养案例

数学家波利亚在《怎样解题》一书中提到：即便是最优秀的学生，在完成解答后就会转移注意力，从而遗漏了解题中一个重要而有益的阶段。在问题解决的实际教学中，的确存在着这样的事实：教师在引导学生对解决的问题进行回顾与反思时，即便提出相应要求，却始终无法引起学生足够的重视。学生对问题的反思大多停留在对结果的检验，忽视了对解题过程和策略的反思，无法有效提升"反思"技能。因此，在教学设计和实施阶段，需要教师有针对性地强化学生对该环节的关注，激发学生反思意识，培养学生批判性思维中的"反思"技能。以下两个教学片段，着重体现两点：首先，反思要有抓手，紧扣问题的结论、解决过程、策略；其次，反思要有深度，从不同视角，多层次地对解题过程和思维过程进行分析和评估。

教学片段 1：《租船问题》

教学内容：《义务教育教科书 · 数学》（人教版）四年级下册第一单元“四则运算”例 5。

例 5　某校师生共 30 人到公园乘船游玩。小船租金 20 元 / 条，小船限乘 4 人；大船租金 35 元 / 条，大船限乘 6 人，请问怎样租船最省钱？

教学过程：

教师：解答正确吗？应该如何检验？

学生 1：把租船方案代入题目中检验。

教师：看看问题要求的是什么？这样检验可以吗？

学生 2：不行，问题的要求是最省钱，把结果代入题目中检验只能验证是否有空座位。

学生 3：要和其他租船的方法进行对比，看是不是最省钱的。

学生 4：可以通过列表的方法，比较所有租船的方案，看租 4 条大船和 2 条小船是不是最便宜的。

大船数量 / 条	6	5	4	3	2	1	0
小船数量 / 条	0	1	2	4	5	7	8
总价 / 元	180	174	168	186	180	198	192

教师：通过列表，我们发现租 4 条大船和 2 条小船是最省钱的。

【**批判性思维培养说明：**当对这道题的解答结果的正确性进行验证时，有学生提出代入检验这一惯用的方法。学生能勇敢地质疑和评估此方法的适用性，并从问题中找出有力证据和理由，说明代入检验并不适用于这个问题的检验，从而达成共识，修正检验方法。由此学生经历此过程，在老师的引导下开始学会质疑和反思，不盲目认同他人想法，并学会对结果的准确性进行论证，培养了学生在检验时独立思考、不断修正的习惯。】

教师：我们是怎么解决这个问题的？

学生 1：先假设，再调整。

教师：我们首先根据已知信息，对方案进行第一次优化，优化的依据是什么？

学生 2：先考虑哪种船便宜，大船便宜就尽量租大船。

教师：假设出方案后，根据结果再进行合理的调整，调整的依据又是什么？

学生 3：尽量让船坐满没有空位。

教师：也就是充分利用资源。

教师：如果这道题的乘船人数改成 35 人呢？怎样租船最省钱？和同桌讨论一下。

学生 4：租 6 条大船，余一个座位，要花 $30 \times 6=180$ 元。

学生 5：因为 35 是单数，无论怎样租船都不可能坐满，至少会剩 1 个座位，都租大船最便宜。

小结：我们假设先租更便宜的大船，有空位就再调整，尽量坐满，这样就找到了最省钱的方案。

【**批判性思维培养说明：**在这个环节，学生回顾了租船问题解决的过程，即对思维的全过程进行反思。说明学生意识到检验时不光要检查结果的准确性，还要检查解决过程中的思路，判断思路是否正确。当学生重新审视解题思路时，对每一步的优化和调整都给出了相应的理由，说明他们能判断他人或自己的论证过程是否符合逻辑，体现了对思维过程的评估和反思，这正是批判性思维所侧重的。在总结策略前，对题目进行变式，从学生的回答可看出学生打破了模式化的租船方式，学会了具体问题具体分析。此环节培养了学生对思维过程的评估和反思能力，以及质疑精神和探索精神。】

教师：这个题目的优化环节，使你们联想到了学过的哪个知识？

学生 1：烙饼问题。

教师：它们有什么相同的地方？

学生 2：同样是尽可能地利用资源。

学生：烙饼问题是节省了时间，今天学习的租船问题是节省了费用。

学生 3：都要先找出优化的关键，再进行调整，才能得出最优方案。

教师：这些方法还能解决什么问题？

学生 4：租车问题。

学生 5：购物问题。

学生 6：买票问题……

教师：是的，虽然这些问题的情境不同，但是解决问题的方法是相通的。

【**批判性思维培养说明**：此环节是对问题解决策略的总结和迁移。学生能够将租船问题和烙饼问题联系起来，提出还能用此优化思想解决其他实际问题，说明学生在反思过程中加深了对问题本质的理解。一方面，通过评估和反思解决租船问题时运用的策略，加深学生对已有知识的理解；另一方面，通过对策略进行总结培养学生举一反三的能力，有效提高学生的模式识别能力。】

教学片段 2：《用百分数解决问题》

教学内容：《义务教育教科书·数学》（人教版）六年级上册第六单元“百分数（一）”例 5。

教学过程：

PPT 出示：某种商品 4 月末的价格比 3 月末降了 20%，5 月末的价格比 4 月末又涨了 20%。5 月末的价格和 3 月末比是涨了还是降了？变化幅度是多少？

教师：5 月的价格是 3 月的 96%，降了 4%，这个结果正确吗？

学生 1：将 5 月的价格是 3 月的 96% 代入题目中检验，3 月的价格是 3 月的 100%，结果正确。

学生 2：我们小组将 3 月的价格假设为不同的钱数，计算的结果都相同，5 月的价格是 3 月的 96%，结果正确。

教师：为什么假设的钱数不同，结果却一致？如果此商品 3 月的价格是 a 元呢？

学生 3：我认为结果是一致的，通过计算可以得出 5 月的价格是 $a(1-20\%)\times(1+20\%)=0.96a$。

学生 4：虽然假设的钱数不同，但变化的幅度是一样的，结果还是相同的。

教师：既然变化幅度与假设的钱数无关，那我们直接假设 3 月价格是 1，计算时最简便。

【**批判性思维培养说明**：此环节中，学生将不同的方法（假设具体量、单位“1”、字母）进行比较，对问题解答的正确性进行验证。通过检验，学生意识到假设具体量和单位“1”的本质是一样的，变化幅度和最初假设量的大小无关，感受假设单位“1”的简洁性。自然而然地生成在众多的假设中尽可能选择优化的方法来解决问题的意识，培养了学生的反思能力与优化意识。】

教师：我们一起来回顾一下，刚才我们是怎么解决这个问题的？

学生 1：假设 3 月的价格是 100 元、1 或 a，然后根据 4 月价格比 3 月降了 20%，求出 4 月的价格，再根据 5 月价格比 4 月涨了 20%，求出 5 月的价格，最后将 5 月价格和 3 月的进行比较。

教师：所以最后我们得出结论，5 月的价格比 3 月降了 4%。学到现在，你们还有什么疑问吗？

教师：老师在想，明明降价和涨价的幅度都是 20%，为什么不能回到原价？

（学生独立思考，并和同桌交流自己的想法。）

学生 2：还是假设成 100 元。降 20% 是降 100 元的 20%，是 20 元。涨 20% 是涨 80 元的 20%，是 16 元。单位“1”发生了变化。

教师：我们要弄清楚究竟是降了谁的 20%，涨了谁的 20%，也就是找准单位“1”。

小结：当题目中有未知的量时，可以用假设的方法来解决。不论假设 3 月的价格是多少，都可以把它看作单位“1”，根据 4 月的价格是 3 月的 80%，求出 4 月的价格。再根据 5 月的价格是 4 月的 120%，求出 5 月的价格。最后将 5 月的价格和 3 月的进行比较，求出变化幅度。

【批判性思维培养说明：此环节让学生对解决问题的思考过程进行反思，从而理解假设法是解决这类看似缺少条件问题的一般方法。教师的提问促使学生进一步评估解题过程中每一具体步骤的正确性，通过举例论证“降 20%”和“涨 20%”，这两个“20%”是以不同月份价格为单位 1，使得学生对解题过程的反思更深入本质而不是浮于表面，同时培养了学生的举例论证能力。**】**

PPT 出示：如果 4 月比 3 月涨价 20%，5 月比 4 月降价 20%。5 月的价格与 3 月相比，是涨了还是降了？变化幅度是多少？

教师：题目变了吗？你们知道了什么？ 5 月与 3 月的价格相比，是涨了还是降了？它的变化幅度又是多少呢？

（学生动手计算并汇报。）

学生 1：还是下降了 4%。

教师：还是下降？谁来说说你们是怎么计算的。

学生 2：假设 3 月价格是 1，$a\times(1-20\%)\times(1+20\%)=0.96a$。

教师：明明现在变成了先涨后降，怎么结果还和先降后涨是一样的呀？

学生 3：先涨的话，后面降的就多了。

学生 4：在上涨的基础上下降。

教师：可以怎样证明你们的想法呢？

学生 5：先“涨”后“降”是根据 1×（1+20%）×（1−20%）求 5 月的价格，先“降”后“涨”是根据 1×（1−20%）×（1+20%）求 5 月的价格，两个算式本质上是一样的，5 月的价格都是 3 月的 96%。

教师：表面上看，变化过程是不一样的，但变化的结果和变化的幅度是一样的。

小结：在涨、跌幅度一致的前提下，先“涨”后 “降”和先“降”后“涨”的结果是一样的。

【批判性思维培养说明：第一题和第二题对比，前后两个条件发生了变化。题一是先“降”后“涨”，题二是先“涨”后“降”，但是两题的最终结果都是一样的，学生带着这样的认知冲突回到解题过程中找原因，从不同的视角，多层次地对经历的解题过程、思考过程进行分析与考查，进一步反思两道题目的区别与联系。从而探索一般规律，揭示问题本质，提升反思技能和探究问题本质的能力。**】**

教师：我们再来看一看，这类问题有没有什么相似的地方？我们可以怎样去解决呢？

小结：都是三个量进行比较，先找准原始量做单位“1”，再根据求比一个数多（少）百分之几的数求出中间量以及最终量。把最终量和原始量进行比较，求出变化幅度。

教师：通过今天的学习，你有什么收获？

学生：当题目中缺少条件时，可以通过假设来解决问题……

【批判性思维培养说明：此环节进行方法比较提炼，感受解决此类看似缺少条件的问题都是先找准原始量做单位“1”，再根据求比一个数多（少）百分之几的数求出中间量以及最终量，最后把最终量和原始量进行比较，求出变化幅度。初步感悟数学模型，培养概括同类问题特征的能力，从而能够在其他复杂情境中解决新的问题，提高批判性思维的灵活度。**】**

第 6 章　基于“猜想—结论”教学模式的“推理—论证”技能培养

6.1　“猜想—结论”教学模式与批判性思维中的“推理—论证”技能

批判性思维是对思维展开的思维，人们进行批判性思维是为了考量我们自己（或者他人）的思维是否符合逻辑、是否符合好的标准①。“推理—论证”技能是批判性思维核心技能之一。在小学数学教学中，可以基于“猜想—结论”教学模式培养学生的“推理—论证”技能。

猜想是运用已有的知识和活动经验，根据观察到的事实，对未知量及其规律作出的似真判断，它经过论证便会上升为结论。“猜想—结论”的教学模式可以让学生经历“提出猜想—论证—得出结论”的过程，本章将要探讨的问题是，在“猜想—结论”的教学中，如何培养和发展学生的“推理—论证”技能。

6.1.1　“推理—论证”技能的内涵

推理是一个命题序列，它是从一个或几个已知命题推出一个新命题的思维形式。任何推理都由两部分组成，一部分是推理所依据的已知命题，即前提；另一部分是所推出的命题，即结论。前提和结论都是命题，命题是推理的要素。推理不是命题的任意组合，在推理中，作为前提的命题和作为结论的命题之间必须有推论关系，其逻辑标志是“所以”。我们用 P 表示前提，用 Q 表示结论，任何推理都可以表示为：P，所以 Q②。

① 摩尔，帕克．批判性思维（原书第 10 版）[M] 机械工业出版社，2015:9.

② 《普通逻辑》编写组，普通逻辑 [M]. 上海：上海人民出版社，2011:27-28.

论证是用一个（或一些）真实命题确定另一命题真实性的思维过程。论证都是由论题、论据和论证方式三个要素构成的。论题是通过论证要确定其真实性的命题，论据是被引用来作为论题真实性的根据的命题，论证方式就是把论题和论据联系起来的形式。论证是要从论据的真实性推出论题的真实性，因此，仅仅有了论题、论据并不等于作出了论证，它必须有一个从论据到论题的推演过程。①

论证的推演过程总是借助于一定的推理形式完成的（一个证明过程可以只包含一个推理，也可以包含一系列推理）。因此，可以说论证方式是论证过程中所有推理形式的综合。②

那么,什么是批判性思维中的“推理—论证”技能呢？综合以上分析,“推理—论证”技能是对已有观点或对象（概念、关系、性质、规则、命题等）进行逻辑思考（观察、实验、归纳、类比、演绎），从而作出推论，再进一步寻求证据、给出证明或举出反例验证所给出的推论是否为真的综合能力。掌握“推理—论证”技能，能帮助人们有效识别、分析和评估观点及假说，能帮助人们认识和克服个人的成见与偏见，形成并阐述可支撑的结论、令人信服的推理，对所思的行为作出理性、智慧的决策。可以说，掌握“推理—论证”技能是一个人具备批判性思维的必要前提。

6.1.2 “推理—论证”技能的关键要素

具有“推理—论证”技能的人，能根据已有的命题，得出符合逻辑的推论；能寻求有效证据，对他人或自己提出的命题进行论证，从而证明命题是否为真；还能对他人或自己的论证过程进行评估，判断论证方式的合理性。因此，“推理—论证”技能，包括“关联能力”“推理能力”“评估论证的能力”三个关键要素。

◆关联能力

“关联”一词在《现代汉语词典（第 7 版）》中的解释是“事物相互间产生的影响和牵连。”

在进行批判性思维时，我们说一个陈述与另一个陈述有关联，就是说这个陈述对另一个陈述要么有利，要么不利。换言之，如果一个陈述至少能提供一些理由，使人认为第二个陈述成立或不成立，这两个陈述就是相关联的。一个陈述与另一个陈述相

---

① 《普通逻辑》编写组，普通逻辑 [M]. 上海：上海人民出版社，2011:338-339.

② 《普通逻辑》编写组，普通逻辑 [M]. 上海：上海人民出版社，2011:350.

关联或没有关联的方式有三种。一个陈述可以与另一个陈述有积极关联、消极关联或没有逻辑关联。如果一个陈述有利于另一个陈述，两者就是积极关联的。如果一个陈述不利于另一个陈述，两者就是消极关联的。如果一个陈述既非有利于也非不利于另一个陈述，两者就是没有逻辑关联的①。

乔布斯说："创造力就是找到事物之间的联系。当你问有创意的人他们是怎么做到的，他们会觉得有点点负罪感，因为他们并非真的'做到了'，他们只是看到了一些联系。有些事儿对他们就像是显而易见的。这是因为他们能把种种体验关联起来，并吐故纳新。他们能做到这点是因为他们有更多的体验，而且他们思考这些体验比其他人更多。"

综上所述，关联能力是指能找到事物之间的联系，这主要有两个方面的含义，一方面是面对几个事物时，能通过观察分析、联想、直觉等方式，找到不同事物之间的异同、变化规律、本质属性等；另一方面是指，在面对一个或一些事物时，能通过观察分析、联想、直觉等方式，想到与之相关的其他事物。一个关联能力强的人，在进行推论或论证时，能找到和"结论"有积极关联的论据，以得出符合逻辑的推论或论证论题的真实性。关联能力可以帮助人们寻找到推论的灵感和论证的证据，因此，可以说作为"推理—论证"能力的关键要素之一的关联能力，是人们进行"推理—论证"的基本要素和前提条件。

◆推理能力

推理能力是指个体在头脑中根据已有的判断，通过分析和综合引出新判断的能力②。普通逻辑在研究推理时，把推理分为两大类：一类是必然性推理，即演绎推理；一类是或然推理，包括归纳推理和类比推理。

（1）演绎推理

演绎推理是从已知的事实或假设出发，按照规定的法则所进行的推理。它是由一般到特殊的推理，前提与结论之间有着必然的联系。小学数学中常用的演绎推理有：三段论、假言推理、选言推理、联言推理、完全归纳法等。在本系列丛书上一本《学会思考——小学数学教师批判性思维教程》中，已对这些常用的演绎推理进行了介绍，本书便不再赘述。

① 巴沙姆，欧文，纳尔多内，华莱士. 批判性思维 [M]. 北京：外语教学与研究出版社，2019:111.

② 马莹. 发展心理学 [M]. 北京：人民卫生出版社，2013:250.

（2）非演绎推理

在我们的日常生活和生产实践中，比起“人都有一死，所以苏格拉底有死“这样必然的推论，人们更关心的问题是：如何从前提出发预测可能得到的结果，或者如何从已经得到的结果出发探究结果形成的原因。在这样的“预测”和“探究”的过程中是无法借助演绎推理的。于是人们试图从经验和概念出发：从经验过的东西推断未曾经验过的东西，从事物的过去和现在推断事物的未来，或者从事物的现在推断事物的过去；从一类事物的性质推断另一类事物的性质，从一类事物的发生发展推断另一类事物的发生发展。这样的推理模式是一种“自然”的推理模式，是“发现”和“创新”所依赖的推理模式。我们把它们统称为“非演绎推理”①。

小学数学中常用的非演绎论证，主要有归纳推理中的不完全归纳、类比推理、统计推断等。

①不完全归纳

不完全归纳法是通过对一类事物的部分对象的考察，从而做出有关这一类事物的一般性结论的猜想的方法。不完全归纳法又可以分为枚举归纳和因果归纳两类。

枚举归纳：枚举归纳又叫做简单枚举归纳，它是以某个对象的多次重复作为判断根据的。虽然我们可以通过证明得出上述结论是正确的，但是枚举归纳所作出的一般性的结论仍然是一种猜想，不一定可靠，通过枚举归纳得到的结论，还需要通过证明才能成为定理。

因果归纳：因果归纳是把一类事物中部分对象的因果关系作为判断的前提而作出一般性猜想的推理方法。但这个猜想的依据不再纯粹是枚举归纳中所说的那种现象的多次重复，而是在重复之中包含着事物间的某种因果联系。由于因果归纳所揭示的情况，可能比现象的多次重复所揭示的情况更接近于事物的本质，所以因果归纳所建立的猜想要比枚举归纳所建立的猜想可靠得多。

对于小学阶段的数学教学而言，学生所接触的归纳推理基本属于不完全归纳推理。它有两个特点：一是只考察一类事物中的部分个体对象：二是结论具有或然性，属于或然性推理。进一步思考我们会发现，小学阶段的不完全归纳推理大多还具有这样的特点——由枚举归纳发现现象，用因果归纳解释原因。

---

① 陈晓燕，于芳. 学会思考：小学数学教师批判性思维教程 [M]. 长春：吉林大学出版社，2019:179-180.

（2）类比推理

类比推理是根据两类不同的对象，在某些方法（如特征、属性、关系等的类同之处），猜测这两个对象在其他方面也可能有类同之处，并做出某种判断的推理方法。类比包括由特殊到特殊的类比和由特殊到一般的类比。

由特殊到特殊的类比：①两类事物的“类同”点既可以通过表面形式的观察得到，也可以通过性质的分析而获得。②由类比所做的推理，必须兼顾两类事物的类同点和相异点所反映的关系。③类比推理与归纳推理一样，也是一种“合情”推理，其结论正确与否，必须经过严格的证明。

由特殊到一般的类比：由特殊到一般的类比是指类比的两个事物之间具有从属关系时的类比。由特殊到一般的类比，本质上仍然是“合情推理”，它不能保证结论的正确性，其结论正确与否，同样需要证明。

在小学数学教学中，运用类比一方面可以沟通知识之间的联系，使学生能够举一反三，迅速掌握新知；另一方面可以让学生深刻理解类比推理这一思想方法，在今后的学习和生活中能够善用类比联想解决问题。

（3）统计推断

统计推断也叫“统计概括”，是由样本具有某属性从而推出总体也具有某属性的推理。统计推理是由部分推出全部的推理，它的结论超出了前提所断定的范围，前提与结论间的联系是或然性的。统计推断是一种归纳推理，但不同于简单枚举归纳推理。综上所述，统计推断的核心就是：由样本具有某属性从而推出总体也具有某属性。因此，采用合理的抽样方法是非常重要的。抽样方法的好坏将很大程度影响推断的准确性[①]。

◆**评估论证的能力**

一个论证只有经过合理评估之后，才对我们具有建设性意义。否则，我们可能被似是而非的论证误导或欺骗。

论证的评估是指对论证的强度（说服力）的确定。根据充足理由原则的要求，一个有说服力的论证必须是前提真实和推理有效二者的统一。因此，论证的评估应当包

① 陈晓燕，于芳. 学会思考：小学数学教师批判性思维教程 [M]]. 长春：吉林大学出版社，2019.180-183.

含两方面的内容：一是确定前提的真实性；二是确定推理过程的有效性[①]。

评估论证的能力是指对自己或他人的论证过程具有评估的意识和评估其前提的真实性及过程的有效性的能力。前提的真实性可以通过下列方式加以确定：第一，与个人经验相符；第二，引用已被认可的理论知识；第三，和已确立的事实（已知为真的事物）的一致性。推理过程的有效性的确定程序比较复杂，首先要看它使用的是单一的推理，还是多个推理；其次要确定它们是什么样的推理；再次是依次检查这些推理是否遵守了各自的推理规则或逻辑要求；最后从总体上看推理过程是否有效，如果无效，还要指出其中存在有何种谬误[②]。

作为“推理—论证”技能的关键要素之一，个体如果具备了较强的评估论证的能力，则表明他对推理的形式的判断以及各自的推理规则或逻辑要求都比较熟悉，而这些，正是另一个关键要素——推理能力的体现。可以说，“推理—论证”技能的三个关键要素相辅相成，互相促进。

6.1.3 “推理—论证”技能的水平层次

参考 SOLO 分类评价理论，我们可以对“推理—论证”技能的三个关键要素的水平层次做初步的划分。

表 6–1 “推理—论证”技能的水平层次

水平层次	关联能力	推理能力	评估论证的能力
水平 0	无法发现事物之间的联系，不能找到和已有事物相关联的事物	无法进行有效的推理	没有评估论证的意识，无法对论证进行评估
水平 1	能发现事物之间某一个方面的联系，能找到和已有事物具有消极关联的事物	能运用某一种推理方法进行推理，得出或然的结论	评估论证的意识比较差，能比较准确判断前提的真实性
水平 2	能发现事物之间不同方面的联系，能找到一些和已有事物具有积极关联的事物	能熟练运用两种推理方法进行推理，得出或然的结论	具有一定的评估论证的意识，在别人提醒下，能准确地判断前提的真实性，并对某些推理过程的有效性进行比较准确的判断

① 《普通逻辑》编写组，普通逻辑 [M]. 上海：上海人民出版社，2011:374−375.

② 《普通逻辑》编写组，普通逻辑 [M]. 上海：上海人民出版社，2011:375−376.

（续表）

水平层次	关联能力	推理能力	评估论证的能力
水平 3	能发现事物之间多个方面的联系，能找到较多和已有事物具有积极关联的事物	能熟练运用多种推理方法进行推理，得出的结论为真或得出或然性的结论	具有较强的评估论证的意识，能自发地对自己或他人的论证进行评估，能准确地判断前提的真实性，并对某些推理过程的有效性进行比较准确的判断
水平 4	能发现事物之间不同层次不同维度的联系，能找到很多和已有事物具有积极关联的事物	能熟练运用多种推理方法进行推理，得出的结论为真	形成了评估论证的习惯，自觉对自己或他人的论证进行评估，能准确地判断前提的真实性，并对推理过程的有效性进行比较准确的判断

6.1.4 “猜想—验证”教学与“推理—论证”技能的关系

在小学数学教学中，培养“推理—论证”技能，需要教师在平常的教学中具备培养学生大胆假设、小心求证的意识，对提出的假设具有验证意识，并懂得如何去论证，得出一般化的结论，在自己或他人论证结束后，具有评估论证的意识，对前提的真实性和推理过程的有效性进行评估。“猜想—结论”的教学，是培养批判性思维的“推理—论证”技能的重要载体。

“猜想—结论”的教学一般分为“观察分析—提出猜想—验证猜想—得出结论—反思回顾”几个环节。在这类教学中，学生首先观察分析数学对象，找到对象之间的关联或找到和对象有关系的事物；再通过归纳推理（不完全归纳）或类比推理提出猜想；紧接着对猜想进行验证，得出结论；最后是反思回顾论证过程，对论证进行评估。通过这样的教学模式，可以不断经历“猜想—论证—评估”的过程，从而发展学生的关联能力、推理能力和评估论证的能力，进而掌握“推理—论证”的批判性思维技能。

“猜想—验证”的教学中，是如何培养学生的“推理—论证”技能的呢？根据上文所述，这种教学模式下的教学思路为“观察分析—提出猜想—验证猜想—得出结论—反思回顾”，在每个环节中，虽有不同的侧重，但都可以培养“推理—论证”技能的关键能力。笔者根据教学环节进行了梳理，如图 6–1。

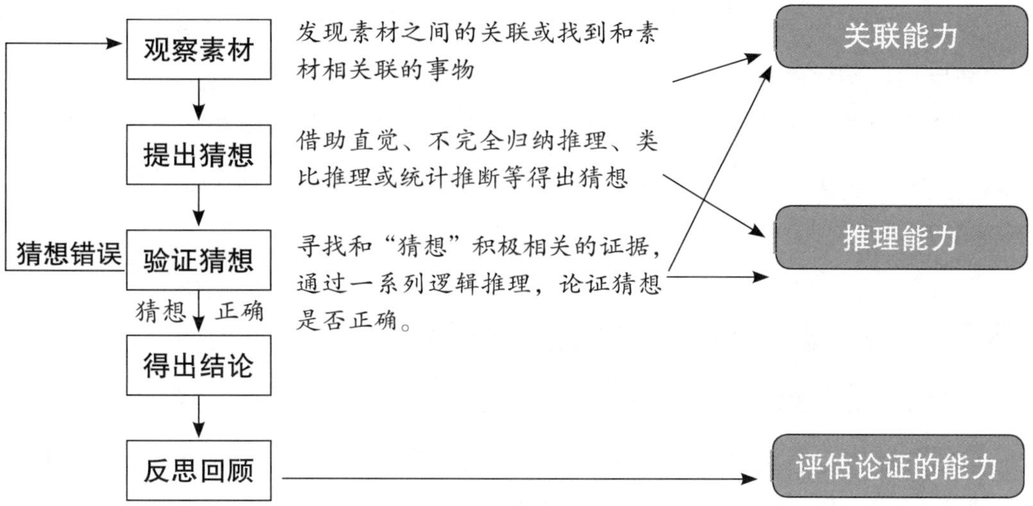

图 6-1

从上图可以看到，在“猜想—验证”这种教学模式下，每一个环节和批判性思维的“推理—论证”技能的三个要素密切相关这样的课堂模式可以让学生反复经历“猜想—论证—评估”的过程，培养“推理—论证”的三个关键能力。

在小学数学教学中，适合以“猜想—验证”这种教学模式开展教学的内容有很多，我们梳理了人教版教材，比较典型的能以这种模式开展教学的内容主要有以下几类：

①找规律。“找规律”是典型的“从个别对象入手，通过观察得出猜想，再通过举例验证等方式验证猜想，最终归纳出一般规律”的课例。

②运算定律。加法交换律、加法结合律、乘法交换律、乘法结合律、乘法分配律以及整数运算定律推广到小数、分数。其思维过程都是通过类比得出猜想，再推理论证，得出结论。

③计算法则。各类计算，其计算法则的得出也是先通过类比得出思路，但这个思路具有或然性，只是猜想，还需要通过“推理—论证”进行验证。每一个计算法则的得出，都经历了“从具体的数出发，自主迁移之前的方法进行计算（类比），在计算的过程中感悟运算方法的道理（因果归纳），然后总结计算方法”的过程。

④平面图形面积公式推导，立体图形体积公式推导。首先，通过对同类图形的计算公式进行类比，得出猜想，再在对面积单位、体积单位以及面积和体积的计量方式的理解基础上，进行论证，得出结论。

⑤平面图形的特征，三角形的内角和，多边形的内角和，三角形的三边关系等。

这些都可以先通过观察样本或类比推理得到猜想，再通过枚举归纳法举例验证或演绎论证，最后得出结论。

⑥用“假设法”解决问题，如“鸡兔同笼”等经典问题的解决，其本质上也是先提出假设（猜想）后，再通过运算进行验证，进而得出结论。这个过程就是“猜想—验证”的过程。

6.2 “推理—论证”技能的培养策略

推理论证能力是批判性思维的核心技能之一，也是数学的核心素养之一。那么，基于“猜想—结论”教学模式，如何培养学生的“推理—论证”技能？下文从“推理—论证”技能三个关键能力的培养来具体阐述。

6.2.1 关联能力的培养

推理论证的过程其实是从条件推导出结论的过程。这个过程，需要学生能理清条件信息之间的关联、根据条件关联其相关的知识、将旧知识关联到新的结论等。这样一种善于“关联”的能力需要教师在教学中有目的地对学生进行培养。

◆观察分析，发现关联

首先，教师在教学过程中应为学生创造可观察分析的契机。这一点在“猜想—结论”教学模式表现为创设良好的学习情景，该情景应当能激发学生探究问题、解决问题的欲望，并得出事实材料或具体算式、图形等，也就是个别材料。

其次，教师要培养学生掌握观察分析的方法。同一组算式或同一组数，有的学生一下子就能发现其中的规律，而有的学生却看来看去也看不出什么。其实，观察是有一定方法的，科学正确的观察方法对培养学生数学思维能力有着积极的促进作用。小学阶段，比较常用的观察方法是对比观察法，它是把几个事物或同一事物的几个不同时期加以比较的观察方法。比如老师可以通过提出问题“它们有什么相同点和不同点？”“是如何变化的？”，引导学生观察，寻找各对象的异同，对比分析，思考其关联性。除此之外，观察还应该有一定的次序性，比如“从左到右观察，你有什么发现？”或者从上往下观察、从中间向两边观察，等等。

最后，教师要引导学生搭建观察的脚手架。为了便于观察，有时需要对对象进行整理，例如分类整齐摆放、按顺序列成一个表等；有时需要借助操作，让学生在体验的过程中感悟；有时还需要充分利用各种教学手段，例如通过形象直观的图片或动感的画面，启迪学生发现观察对象的特征，揭示观察对象的本质。种种这些，都是帮助学生搭建观察的脚手架。当然，分类、列表、操作等都可以由学生来完成，也就是老师启发引导学生自主搭建这个脚手架。

◆多向联想，发现关联

学生对个别材料进行观察的过程，其实是推理前期提炼论点、寻找论据的一个预热过程。这个过程中，学生应当对个别材料的全部及其各部分之间的关系有一个全面的感知，并能联想起与之相关的种种信息。所以，在得出个别材料后，教师应当提出较为开放的问题引导学生思考，比如提出“观察一下，你有什么发现？”这样开放的问题，而不是提出类似“观察一下这些分数的分子和分母，看看它们有什么关系？”这样指向明确但限制学生思维的问题。而且，提出问题后，课堂应当有适当的留白——留充分的时间给学生观察与思考，留充分的时间给全班交流与碰撞。教师不要急着领学生奔向预设的答案，不帮他们指定一条路，他们自然要多向联想去找路，长此以往，培养学生多向联想的能力。

◆借助直觉，发现关联

面对条件信息，有的人一下子就能将其关联的信息捕捉到。这种“秒懂”凭借的就是数学的直觉思维。直觉思维，是指对一个问题未经逐步分析，仅依据内因的感知迅速对问题答案作出判断。直觉思维是完全可以有意识加以训练和培养的。好的数学的直觉源于学生对数量关系和空间形式的感知，与学生的数感、量感等数学核心素养息息相关。在教学中，教师可以有意识地通过联系生活中的具体事物或情景帮助学生建立数与量的丰富表象；通过设计教学活动让学生多感官感知或体验，经历探究数或量的本质内涵的过程；通过先估算、估量，再精算、实量去验证估的结果，这样的过程让学生调整和优化数感和量感。通过以上种种途径，培养学生的数感和量感，进而培养学生的数学直觉思维。

6.2.2 推理能力的培养

推理是建立条件到结论的逻辑形式，以判断条件与结论是否存在必然关系。在“猜想—结论”教学模式下，从“猜想”到“结论”是一个推理的过程，由个别材料得出“猜想”的过程也是一个推理的过程。培养学生的推理能力，应当创造开放、求真、公正的课堂环境，让学生养成严谨思考、有理有据地表达的习惯。此外，推理能力的培养还应当注意以下两个方面：

◆经历过程，积累经验

经历不同形式的推理过程、积累推理的经验有助于培养学生的推理能力。教师应该在让学生观察、猜想后，引导学生在操作、验证中有条理地思考，理解推理的内涵，并用有逻辑的数学语言将整个猜想、论证与推理的过程表述出来，并呈现推理结果。还可以针对推理形式设计练习加以强化。下面这个例子就是让学生经历三段论的演绎推理形式并设计练习巩固推理形式。

教师出示右图，问：∠ 1+ ∠ 2= ?

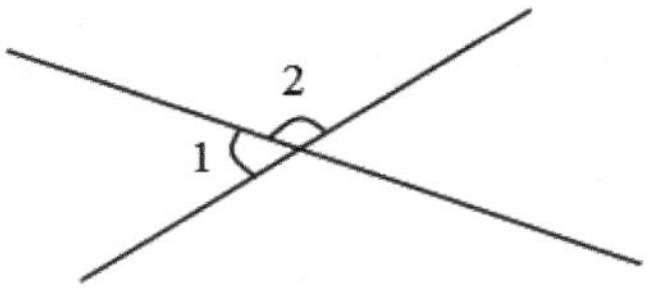

学生：180° 。

教师追问：为什么?

学生：∠ 1、∠ 2 可以组成一个平角。

教师：那为什么是 180° 呢?

学生：因为平角是 180° 。

教师出示：因为 ∠ 1 和∠ 2 可以组成一个平角，所以∠ 1+ ∠ 2=180° （依据：平角 =180° ）。

教师：数学的表达重在严谨规范，当老师提问“∠ 1+ ∠ 2= ? ”时，你能像这样把你的想法说清楚、说完整，你就是最棒的!

教师再出示：已知 $x+5=22$，可得 $x=$?

学生：已知 $x+5=22$，可得 $x=17$，依据是等式的性质。

◆掌握方法，灵活应用

培养学生的推理能力应当有意识地让学生理解并掌握不同的推理方法，并能在面对不同的问题时，灵活应用合适的推理方法去解决问题。小学阶段常用的推理方法有：

归纳推理法，即由个别对象具有某些特征，推断该类事物的全部对象都具有这些特征。它建立在对丰富的直观表象的观察、分析之上，是对法则、性质、公式、规律等的提炼和归纳。例如，在“植树问题”教学中，通过化繁为简，画图表示出不同路长的植树情况，归纳出树与间隔数之间的关系，推断所有路长的植树情况都存在这样的关系。

类比推理法，即由研究对象联想到另一个与之在某些方面存在相同或者相似之处的对象，推断它们在其他方面也有相同或者相似之处。例如，在“比的基本性质”教学中，类比分数的基本性质以及商不变的性质，推断比的基本性质。

操作推理法，以实物或者学具为对象，通过动手操作的方式进行探索，发现其中的规律，完成对结果的猜想。例如，在“分数乘分数”教学中，通过折纸操作，观察其过程及结果，推断计算的方法。

6.2.3 评估论证能力的培养

评估是批判性思维中的一个重要技能。对论证的评估应该先理解所要解决的问题，再对整个论证的过程进行分析，理清该论证的结构，评估该论证的好坏，感受结论的合理性，判断结论的强弱等。评估论证要从概念、证据、推理、假设和辩证五个方面入手，做法就是从这五个方面质疑论证，做出回答和判断，最后做出整体的判断，并进行可能地发展[①]。小学中，对学生评估论证能力的培养可以从如下的几个方面做起：

◆辨析理解概念

虽然小学数学课程中不再单独出现概念的教学，但是并不意味着对概念的理解不重要。论证需要排除关键词、概念、陈述的模糊、空洞、偷换、歧义甚至自我矛盾等问题[②]。澄清概念、审查证据都需要依靠对概念的理解。在概念教学中，教师要根据学生的年龄特点和生活经验设计教学活动帮助学生理解和建构概念。例如在教学“角的初步认识”时，设计找角、摸角、折角、说角、画角、数角等多种活动，使“角”的概念形象化、具体化。在概念教学中，教师还要善于设计问题引导学生思考概念的内涵与外延，学会辨析。例如在认识“质数”和“合数”时提出问题：“1 是质数吗？”“怎么判断一个数是不是质数或合数？”“有没有哪个数既是质数又是合数？”“是否所有的偶数都是合数？”“是否所有的奇数都是质数？”。

◆学会评判推理

评判推理需要确定证据对结论的支持是否是直接、充分的。教学中，在完成推理后要引导学生思考“可以得到这个结论吗？”“这个结论是确定的吗？”“还有没有别的可能？”等问题，引导学生去评判推理的过程是否是严密的，说理的过程是否是清晰的，得出的结论是否是在所有情况下都成立的，如果不是，那么要明确在什么情

---

① 董毓. 评判性思维十讲 [M]. 上海：上海教育出版社，2019.5：53.

② 董毓，吴妍. 基础教育批判性思维技能测试：目标、原则和途径 [J]. 中国教育科学，2021.6：74–83.

况下才成立，再修正结论。

例如，在教学“平行四边形的面积”时，用“数格子”的方法（1 个方格代表 1 m^2，不满一格的都按半格计算）算平行四边形的面积，得出猜想“平行四边形的面积 = 底 × 高”（这是一个简单的推理）。这时，引导学生对这个推理进行评判，思考“这样的结论是否对所有的平行四边形都适用？”这个问题。学生很快发现这个推理只能说明目前的这个平行四边形适用，其他平行四边形不一定适用的。再提出问题“这个结论确定符合目前的这个平行四边形吗？”，检查推理的过程，发现其实“数格子”的方法也只是“估算”，并不能确定。

由此发现，如果要得到一般性结论，需要检验更多的平行四边形，还需要改进得出单个的平行四边形的面积方法。进而确定了用适用于一般情况的割补法去对结论进行验证。

◆培养反思能力

在完成论证之后，需要对照原来的问题进行综合判断：论证成功了吗？原来的问题得到回答了吗？回答得怎么样？[①] 也就是需要对整个论证的过程进行整体性、系统性的反思。

反思是一种批判性的思维方式。根据心理学知识可知，学生的思维活动具有隐蔽性和自动性两种特征。学生在面对稍复杂的问题时，较少能主动、完整地将自己的思维过程清晰表达，较少能独立判断自己的解答是否正确。在他人告知其错误后，在接下去的练习中可能还是会反复犯同样的错误，其实，本质的原因是他不能对自己的思维进行反思。

因此，培养学生的反思能力，一方面是要提高学生对论证进行反思的意识，养成求真、开放的思维品格；另一方面是要养成学生说思考过程的习惯，引导学生整理并表达自己的思考过程有助于学生发现思维中不合理、不完善的方面。

6.3 课例 1：余数和除数的关系

小学时期是具体形象思维和抽象逻辑思维交错发展的时期。低年级学生所掌握的

① 董毓，吴妍. 基础教育批判性思维技能测试：目标、原则和途径 [J]. 中国教育科学，2021.6：74−83.

概念多数是具体的、可感的，到了中高年级才会慢慢向抽象性概念转变。但是，在低年级时期，批判性思维的培养也是必须的，而且是可行的。

例如在“猜想—结论”教学模式中，可以初步培养观察、分析能力，鼓励学生敢于大胆猜测，引导学生找到恰当的方法验证，让学生经历完整的探究过程培养推理论证的能力，还可以在由个别对象猜测结论、举例验证归纳结论、理论说理强化结论的过程中，感悟不同的推理方法的可靠性，培养严谨、客观、公正、求真的思维品质。下面结合人教版二年级下册“余数和除数的关系”一课的设计进行具体阐述。

一、识别谬误，明确定义

出示作业错例。

17 个山楂，平均分给 3 只小刺猬。

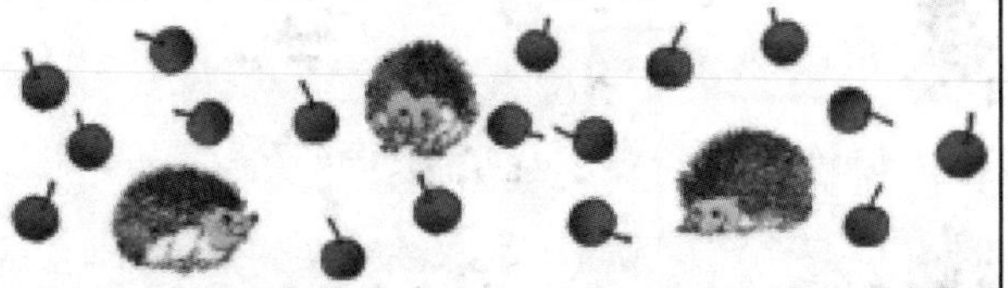

每只小刺猬分（4）个，还剩（5）个。

17 ÷ 3 = 4（个）……5（个）

教师：你们认为他做得对吗？说说你们的理由。

学生 1：我认为是对的。因为 3 只刺猬，如果每只分 4 个，分掉了 12 个，17−12=5，还剩 5 个。

学生 2：我也认为是对的，因为 3 × 4+5=17。

教师：也就是说，你们认为如果每只刺猬分 4 个，那么“剩下 5 个”这个结论是对的。

教师：其他同学有不同的想法吗？

学生 3：我认为是错的。因为剩下的 5 个还能再分。

教师：“还能再分”是什么意思，你能说得更具体一些吗？

学生 3：刺猬只有 3 只，剩下 5 个还可以给每一只刺猬分 1 个，也就是每一只刺猬能分到 5 个，还剩 2 个，列式应该是 17 ÷ 3=5（个）……2（个）。

教师：谁听明白了他的想法，再来说一说？

学生 4：他认为如果每只刺猬分到 4 个，其实还没有分完，每只刺猬应该分到 5 个，剩下 2 个。不够每只 1 个才是分完。

教师：两种不同的意见，同学们这么看？

学生 4：我赞成后面的同学的意见，因为“每只刺猬分 4 个”是不对的。

学生 6：我也赞成后面的同学说的，因为“平均分”要分到不能再分。

教师：题目的条件是“17 个山楂，平均分给 3 只小刺猬”，作业里，同学的结论是“每只刺猬分 4 个，还剩 5 个”。其中，“每只刺猬分 4 个”是他的第一个结论，在这个前提下他推出了第二个结论——“还剩 5 个”。其实，我们要判断他的结论是对的还是错的，得先判断“是否每只刺猬分 4 个”，再来判断“是否还剩 5 个”。显然，第一个结论是错的，后面的结论就已经没有意义了。

教师：类似这样，同学们理解到了“平均分”要“分到不能再分”。那么。在这样的认识之上，我们进一步来探究“余数和除数的关系”。

【批判性思维培养说明：这一个环节的设计有两个目的。目的一是引导学生识别论证的逻辑错误。老师出示的作业错例相当于一个论证。引导学生对这个论证加以评判，这是批判性思维的第一次培养。第一个学生把结论当成条件，第二个学生用结论证明结论，其实他们都陷入了他人论证的陷阱中，不能区分条件和结论。这时老师加以点拨“你们认为如果每只刺猬分 4 个，那么‘剩下 5 个’这个结论是对的。其他同学有不同的想法吗？”学生很快就发现其实“每只刺猬分 4 个”已经是错的了。区分事实与观点是识别论证的逻辑错误的前提。这个环节设计的第二个目的是明确“平均分”要“分到不能再分”，这是“带余除法”最基本的定义，是保证除法算式中“商”和“余数”是“唯一的”的前提，也是本课研究余数和除数的关系的基础。定义是推理论证的重要论据。】

二、猜想论证，经历推理

（一）拼摆图形——为推理做好准备

1. 操作探究

课件出示正方形，如图。

教师：用 4 根小棒可以摆几个这样的正方形，你们能列出算式吗？

学生：一共有 4 根小棒，每一个正方形需要 4 根，4÷4=1（个），可以摆 1 个正方形。

教师：下面我们用小棒来摆这样的正方形。

（课前，老师给每个小组发小棒，小棒数量在 8—16 之间，尽可能保证每组学生的小棒数量不同）。

课件出示活动要求：

摆一摆——利用手中的小棒来摆正方形。

说一说——将摆的过程说给你的同桌听。

写一写——结合摆的过程列出算式，写在下面的记录单上。

小棒根数	摆的结果	算式

学生明确要求并进行操作。

2. 展示交流

教师：请一个小组上台摆拼并说一说。

学生 1：我们拿到了 9 根小棒，摆了 2 个正方形，还剩下 1 根，算式是 9÷4=2（个）……1（根）

教师：有疑问或补充吗？

学生 2：这个算式是什么意思？

学生 3：一共有 9 根小棒，每 4 根摆一个正方形，9÷4 就是算算看 9 里面有几个 4，得出 2 余 1，说明摆了 2 个正方形，还剩 1 根小棒。

教师：谁听明白了再来说一说？

教师：这里的“1”是什么意思？

学生：摆完剩下 1 根。

教师：请其他拿到不同小棒数的小组上台摆拼。

得出结果并板书：

小棒根数	摆的结果	算式
8 根	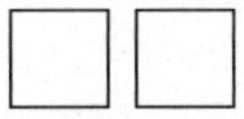	8÷4=2（个）
9 根	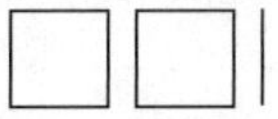	9÷4=2（个）……1（根）
10 根	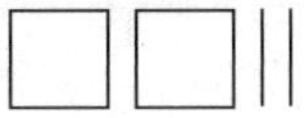	10÷4=2（个）……2（根）

（续表）

小棒根数	摆的结果	算式
11 根	□ □ |||	11÷4=2（个）……3（根）
12 根	□ □ □	12÷4=3（个）
13 根	□ □ □ |	13÷4=3（个）……1（根）
14 根	□ □ □ ||	14÷4=3（个）……2（根）
15 根	□ □ □ |||	15÷4=3（个）……3（根）
16 根	□ □ □ □	16÷4=4（个）

【**批判性思维培养说明：**“摆图形”和“说算式”为推理的孕伏，一是为“观察”提供材料，二是为推理打下思维的基础，感受“余数”表示的是“摆完剩下的”。为了更方便学生观察，本课将课本“摆 8—12 根小棒”的操作增加到“8—16 根”，相当于将一个余数的循环增加到两个，使得“观察”的材料更加丰富，让后续“猜测”的结论更有力。】

（二）观察猜想——为推理指明方向

教师：仔细观察这些算式，你有什么发现？

学生 1：被除数越来越大。

学生 2：除数都是 4。

学生 3：余数都是 1、2、3。

学生 4：也有可能没有余数。

教师：这些算式的余数能再大一些吗？比如可能是 4 或 5 吗？

学生：不可能，因为如果余数是 4 的话，4 根又可以摆一个正方形了。

教师：比如在 11 根的基础上增加 1 根，那余数也会加 1，就得到“4”了呀？

出示：

摆的结果	算式
□ □ ||||	12÷4=2（个）……4（根）

图 5

学生：不行，剩下的 4 根可以再摆一个正方形！

教师：剩下的 4 根可以不再摆吗？

学生 1：不可以，这样就“没有摆完”。

学生 2：可以，题目没有说要摆完！

学生 3：我认为不可以，如果剩下 4 根，算式不可以那样列，12 除以 4 应该等于 3。

学生 4：我同意，因为“12 ÷ 4=2（个）……4（根）”这个算式没有意义。

教师：是的，在除法中，为了商和余数“唯一”，我们约定“平均分”要“分到不能再分”，那为了探究“余数与除数的关系”，这个题目，我们也约定要“摆到不能再摆”。

教师：在这样的前提下，对于余数是“3 根”的情况，如果再添 1 根就变成 4 根，4 根就又够摆 1 个正方形了，这时，正好分完，没有余数。如果再添 1 根，余数又会是 1 根，如此下去，余数只能是 1、2、3。

教师：那请同学们猜一猜，余数的大小与什么有关系？有什么关系？

学生：与除数有关系，余数比除数小。

教师圈出算式列中的除数和余数，发现余数确实比除数小。

【**批判性思维培养说明：**归纳猜想建立在对丰富的直观表象的观察、分析之上，其中，提供合理的个别材料是观察的基础，而对观察到的表象进行合理分析是得出猜想的关键。这一环节，重视引导学生“学会分析”。老师提出问题后，不急于给出答案，而是为课堂留白，而后的生生互动使学生的开放性思维得到绽放，启发学生从不同的角度思考问题，对其他同学的观点做适当的补充或评价等。而在分析的过程，学生已经深深感悟到“题目中的余数受‘摆一个正方形需要 4 根小棒’的条件制约，以至于只能是 1、2、3”这样一个事实，得出“余数比除数小”的猜想便水到渠成了。】

（三）分层验证——为推理提供证据

1. 举例验证

教师：在有余数的除法算式中是否都满足“余数比除数小”？你们会举一些例子来验证一下吗？

学生随意举例子。教师引导学生注意例子的多样性，比如除数不同，被除数不同，余数不同等，这样的验证更具有说服力。

教师：大家举的例子余数都比除数小，这样是不是可以说明所有有余数的除法算式余数都比除数小？

学生：不行，可能会有其他余数不是比除数小的例子。

教师：余数不是比除数小，也就是？

学生：余数大于除数，或者余数等于除数。

2. 反例强化

教师：你们能举一个不满足“余数比除数小”的例子吗？

学生1：9÷2=3……3

学生2：不对，9除以2应该是等于4余1。

教师：哦！那在计算正确的情况下，你们能举一个不满足“余数比除数小”的例子吗？

学生发现没有办法找到这样的例子。

教师：现在，你能确定所有有余数的除法算式余数都比除数小吗？

学生1：能。

学生2：不能，可能还是有我们不知道的例子。

教师：虽然，我们举不完所有的例子，但在我们的认知范围内不存在不满足条件的情况。这样，这个结论比前面的确定一些吗？

学生：确定多了。

3. 说理验证

教师：用举例子的方法来验证可能会举不完所有的例子，你有没有别的办法，让大家十分确定余数就是比除数小吗？

引导学生用语言粗略地表征演绎推理的过程：因为余数表示“平均分完剩下的部分”，如果余数等于或大于除数，说明平均分还没有分完，还要继续分，分完了余数就会小于除数。

【**批判性思维培养说明：**引导学生不断丰富归纳推理的思维方式，让学生在验证的过程中体会——简单枚举推理对结论的验证力相对较弱、扩大例子的范围和种类可以使结论更有说服力；通过尝试“找反例”，然后因为找不到反例，说明结论是成立的，这里应用了排中律，这样应用“排中律”的推理验证力比简单的枚举推理要强一些；而用“说理”的方式验证是最有说服力的。虽然二年级学生不能完整进行演绎推理，但从由个别对象得到猜想，到举例验证，到尝试说理的过程，可以感悟不同的推理方法的可靠性，培养推理意识。】

（四）归纳小结——得出推理的结论

教师：通过刚才的探究，我们可以得到什么结论？

学生：有余数的除法中，余数比除数小。

三、迁移推理，解决问题

1. 基础题

用一堆小棒摆五边形（如图），如果有剩余，可能会剩几根？

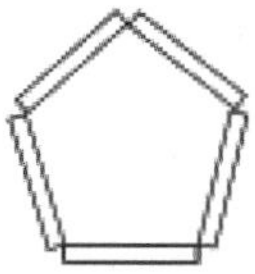

教师：阅读题目，题中哪个地方引起你们的注意了？

学生：“摆五边形”“有剩余”“可能”。

教师：这个问题能和我们刚才“摆四边形”的题目联系起来吗？谁有想法？

学生发现如果摆五边形，可能剩余 1 根、2 根、3 根、4 根小棒。

追问：如果摆三角形呢？会剩余几根呢？

追问：除法算式中，除数是 8，余数可能是几？

2. 提高题

（1）□ ÷6=5……□，余数最大是（　　），这时被除数是（　　）。

（2）□ ÷ □ =8……6，除数最小是（　　），这时被除数是（　　）。

学生先独立完成，再上台解说自己的答案。

【**批判性思维培养说明：**练习题的设计，一是建立“摆四边形”与摆其他多边形的联系，建立摆图形与除法算式的联系，实现推理的迁移，使知识结构化、系统化、逻辑化；二是实现由“除数”预测“余数”到由“余数”预测“除数”的转变，感悟“余数比除数小”与“有余数的除法”存在充分必要关系，强化学生对批判性思维的训练。】

6.4　课例 2：两数之和的奇偶性

“推理—论证”技能是批判性思维的基本技能之一，在小学数学教学中，“猜想—结论”的教学模式，可以让学生在观察分析、猜想、验证、得出结论等过程中，发展“推理—论证”技能。下面，以《两数之和的奇偶性》一课为例，来谈谈在这类教学中，如何培养学生的“推理—论证”技能。

《两数之和的奇偶性》是人教版五年级下册《因数与倍数》这一单元第 15 页的教学内容。教材对两数之和的奇偶性进行了研究，引导学生通过“观察—猜想—举例—

归纳—验证”等环节得出结论。

两个数相加有以下 3 种情况：

奇数+偶数

奇数+奇数

偶数+偶数

它们的和到底是奇数还是偶数呢？在学生有了初步的感悟和猜想之后，教材提供了举例、说理和图示的方法进行论证，来验证猜想。这个过程中，有很多培养学生批判性思维的契机。如举例说明的环节，在小学阶段，学生运用举例说明这种不完全归纳法的机会较多，但鲜少认识到不完全归纳法的局限性，大部分学生认为经过举例验证的结论就一定是对的，并没有认识到不完全归纳法的或然性，也不具备这样的意识。因此，教材还提供了图示和说理的方法。这个过程不仅可以让学生体会到演绎推理的必要性，还可以让学生完整经历论证的过程，积累推理和论证的活动经验，并让学生在评价自己和他人的论证过程是否合理及对比不同论证的过程中，初步培养评估论证的意识，发展评估论证的能力。下面结合《两数之和的奇偶性》一课的设计，进行具体阐述。

一、游戏激趣，引发猜想

1. 准备游戏

出示道具：老师这里有两个袋子（不透明），分别标了数字 1 和 2，我们称为 1 号袋，和 2 号袋。

道具说明：1 号袋里全是奇数卡片，2 号袋里全是偶数卡片，但学生不知情。

明确规则：从 1 号袋中任意取出两张卡片，如果两个数的和是奇数就获奖。

2. 进行游戏，感悟特征

进行游戏：请 4—6 位学生上台在 1 号袋里抽出两张卡片，展示给全班同学看，共同判断卡片上数字之和的奇偶性。每抽一次，老师都将算式板书呈现。

游戏说明：抽奖的学生无论怎么抽，抽到的都是两个奇数，两个数的和都是偶数，在观察了多次后，学生对数据的特征会有所感悟，自然就会引发猜想。

3. 引发猜想

启发思考：如果继续从 1 号袋抽下去有中奖的可能吗？

预设：没有

追问：为什么呢？

预设 1：1 号袋中全是奇数卡片，两个数相加得到的一定是偶数。

预设 2：奇数 + 奇数 = 偶数。

4. 继续游戏，引发猜想

用同样的方式完成第二轮游戏（从 2 号袋中任意取出两张卡片，如果两个数的和是奇数就获奖）和第三轮游戏（从 1 号袋和 2 号袋中各取张卡出一张卡片，如果两个数的和是奇数就获奖）

三轮游戏结束后，板书呈现了三组算式以及学生的猜想(如下图，数字是随机列出，具体上课时，根据生成而定）。

3+5=8	12+4=16	3+4=7
11+7=18	8+20=28	11+8=19
5+21=26	4+6=10	5+6=11
33+11=44	26+12=38	4+33=37
奇数 + 奇数 = 偶数	偶数 + 偶数 = 偶数	奇数 + 偶数 = 奇数

5. 游戏小结，体会猜想的或然性

引导思考：同学们真厉害！一边玩游戏一边发现了三条数学规律，但这只是我们在玩游戏的过程中发现的，并不能说明所有的整数相加都具有这样的规律，这些只能说是我们的猜想，到底对不对，还需要经过验证。

【**批判性思维培养说明：**这一环节中，设计的主要目的为：

（1）发展关联能力：学生在玩游戏时，每轮游戏都会生成算式，让学生通过对 4 个不同算式的观察和归纳，得出自己的猜想，并用算式进行表征。这个过程可以让学生学会通过寻找不同事物的共同点发现它们之间的关联以及它他和其他事物的关联。

（2）体验不完全归纳：学生通过观察算式找到关联并得出猜想，这个过程就是不完全归纳法中的枚举归纳，它是以某个对象的多次重复作为判断根据的。枚举归纳所作出的一般性的结论只是一种猜想，可靠性是有问题的，还需要通过证明才能成为定理。】

二、多重论证，验证猜想

1. 独立验证，小组交流

小组交流：怎样验证？请用自己的方法验证上述的猜想，再和小组同学交流你是怎样验证的？

在学生独立思考并小组交流后，组织各小组汇报验证的方法。

预设 1：我们可以举例。（教师点名几个学生回答）

追问：这样的例子举得完吗？如果有一个例子不符合刚才的规律，我们又恰好没发现，怎么办？除了举例，还可以怎样验证呢？

预设 2：可以画图来验证（学生也可能用其他形状来表示，只要表示了和 2 的倍数关系即可）。

奇数 1、3、5……可以分别用图形：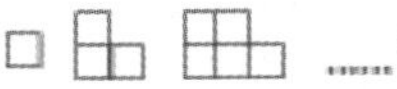来表示，奇数比 2 的倍数多 1，所以可以用图形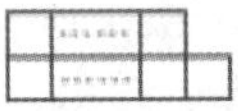表示任意一个奇数；任意一个偶数可以用图形表示。

奇数＋奇数表示为：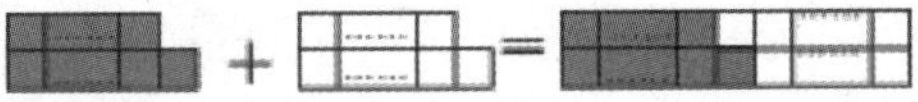，各自多出来的 1 个合成了 1 个 2，所以“奇数＋奇数＝偶数”。

偶数＋偶数表示为：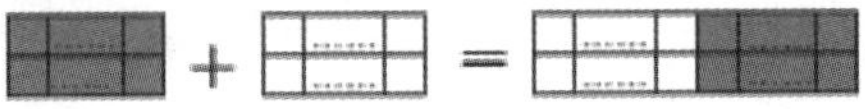，两个数都没有多出来的，所以“偶数＋偶数＝偶数”。

奇数＋偶数表示为：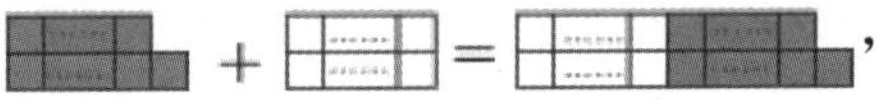，奇数会多出来一个，偶数不会，加起来以后会多出来一个，所以“奇数＋偶数＝奇数”。

学生汇报这种方法以后，让其他孩子提出看不懂的地方，组织全班同学共同交流。

高度肯定学生用数形结合的方式来论证。

预设 3：奇数里有若干个 2 还多 1，偶数里只有若干个 2，奇数加奇数的话，多出来的两个会变成 1 个 2，就没有多出来了，所以奇数 + 奇数 = 偶数；奇数加偶数，还是会多 1，所以奇数 + 偶数 = 奇数；而偶数加偶数，两个都没有多 1，所以加起来以后也不会多 1，所以偶数 + 偶数 = 偶数。（这种方法如果没有孩子提出，可以不讲，但如果有孩子想到，就让孩子呈现自己的想法，并组织其他孩子在倾听和提问中理解别人的想法。）

学生汇报这种方法以后，让其他孩子提出看不懂的地方，组织全班同学共同交流。

【**批判性思维培养说明：**这一环节，主要是为了让学生经历论证的过程，学生的水平层次不同，选择的论证方式也会不一样。水平层次比较低的学生，会如上文中预设 1，通过枚举归纳的方法进行论证。

水平层次高一点的孩子，会如预设 2 或预设 3 一样，采用画图或说理的方式。利用奇数、偶数和 2 的倍数关系，通过演绎推理进行论证进行演绎推理。

在这个过程中，一方面可以让学生体会到不完全归纳法的或然性和演绎推理的必要性；另一方面，也让学生在进行演绎推理或理解别人演绎推理的过程中。】

2. 对比分析，评估论证

引导对比：刚才我们用不同的方法验证了我们的猜想，请回顾一下这几种方法中，你觉得哪种更有道理？为什么？

引导学生对不同的论证方法进行回顾和分析，发表自己的看法后，组织全班交流。在交流过程中，老师主要引导学生对比分析不同论证方法得出的结论是否必然。

【**批判性思维培养说明：**一个人的经历不一定能变成经验，只有当他对经历有过回顾和理性思考之后，才能真正变成经验。因此，本节课中，特意设置这个环节，让学生在对比分析中，进一步内化推理的步骤和思路，发展推理能力，让学生在对比分析中，并学会评估论证。更重要的是，通过这样的过程，可以帮助学生形成评估论证的意识。】

三、拓展延伸、运用深化

1. m 个偶数相加的和是奇数还是偶数？n 个奇数相加的和是奇数还是偶数？独立思考后小组交流：先猜想再验证。

2. 奇数 × 奇数、奇数 × 偶数、偶数 × 偶数得到的结果分别是奇数还是偶数？独立思考后小组交流：先猜想再验证。

【**批判性思维培养说明：**这两道有层次的练习，一方面让孩子在经历推理的过程中进一步内化推理的方法，积累更为丰富的活动经验，发展推理能力。另一方面，让孩子在聆听他人的过程中，理解他人、理解自己，对他人和自己的论证过程进行评估，从而发展评估论证的能力。】

四、全课小结，提炼升华

我们通过游戏发现两个数的和的奇偶性的规律，用举例或画图验证了规律，还运用这样的方法完成两个习题。其实我们很多科学结论，都是通过这样的方式得出的。大家以后遇到困难时，可以通过“猜想—验证—结论”的方法来解决。

【**批判性思维培养说明：**在最后的总结环节，老师可以引导学生回顾学习的过程，将“猜想—验证—结论”这样的思路拓宽到其他的学习中，让学生在其他领域、其他学科的学习中也学会运用这样的方法解决问题，并在此过程中提升批判性思维的基本技能——“推理—论证”技能。】

总的说来，在小学数学教学中，“猜想—验证—结论”是基本的解决未知问题的路径，因此适合以这种形式开展教学的内容还有很多。老师在教学中可以让学生充实这些过程，发展“推理—论证”技能，真正培养学生的批判性思维。

6.5 课例 3：多边形的内角和

浙江大学王彦君副教授发布在“中国大学 MOOC”平台上的“批判性思维”课程用了“培养合乎理性的思维”“养成反复思考的习惯”“建构切实可靠的论证”三句话来做片头，还点出了批判性思维具有“合理性”“反思性”“建构性”。笔者认为这样的批判性思维的培养在“猜想—论证”一类课中是有着充分的体现的。

下文以“多边形的内角和”一课为例来具体阐述如何在小学数学课中通过引导学生批判思考、谨慎建构来培养学生的批评性思维。

一、大胆猜想：有理有据不怕错

教师：三角形和四边形的内角和分别是多少度？

学生：三角形的内角和是 180 度，四边形的内角和是 360 度。

教师：请你们来猜一猜，五边形的内角和是多少度？说说你们的理由。

学生 1：我猜五边形的内角和应该是 720 度。因为四边形的内角和 360 度是三角形内角和 180 度的 2 倍，我想五边形的内角和应该也是四边形内角和的 2 倍。

学生 2：我猜五边形的内角和应该是 540 度。因为四边形的内角和比三角形内角和多 180 度，我想五边形的内角和应该也比四边形内角和多 180 度。

教师：两种说法听起来都有道理。仅由三角形和四边形的内角和，我们能确定五边形的内角和吗？

学生：不行。

【**批判性思维培养说明：**归纳推理是一个从个别材料推出一般结论的过程。这里的“猜想”便是这样的一个过程。通过对两种截然不同又合乎常理的猜想结果的对比，学生很容易能够感悟到由有限材料得到的结论不是有效的。但是，这个猜想并不是没有意义的。因为知识并不一定是完备的，我们不能总是等到知识完备了才开始推理。猜想出可能的结论也可以打开“验证”的思路。】

二、谨慎求证：反复思考何为真

教师：他们的猜想到底对不对呢？我们可以怎么做？

学生：验证一下。

教师：怎么验证？

学生：类似于四边形的内角和的推导，可以通过量一量、拼一拼、折一折、分一分等方法来验证。

教师：请小组合作，完成探究一。

<table>
<tr><td rowspan="3">探究一</td><td>我们的猜想</td><td>五边形的内角和是（　　）度</td></tr>
<tr><td>我们的验证</td><td>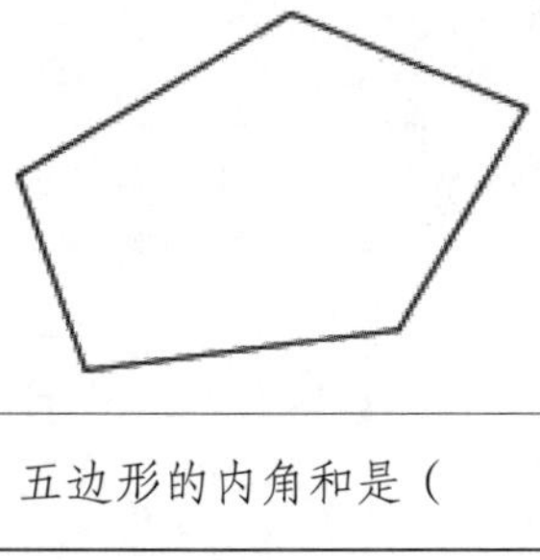</td></tr>
<tr><td>我们的结论</td><td>五边形的内角和是（　　）度</td></tr>
</table>

学生小组合作探究后上台展示探究成果：

小组 1：我们猜想五边形的内角和是 540 度，用“量一量”的方法，量出了五个角的度数，然后求它们的和，最后得到 539 度。

探究一	我们的猜想	五边形的内角和是（540）度
	我们的验证	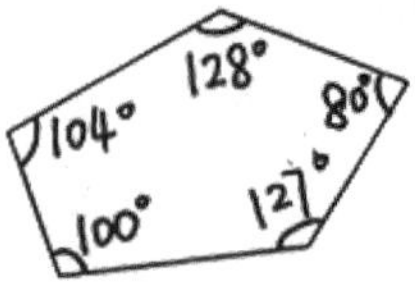 $100°+104°+128°+80°+127°=539°$
	我们的结论	五边形的内角和是（539）度

小组 2：我们猜想五边形的内角和是 540 度，用“分一分”的方法，发现五边形可以分成 3 个三角形，每一个三角形的内角和是 180 度，3 个 180 度是 540 度。我们的结论是五边形的内角和是 540 度。

探究一	我们的猜想	五边形的内角和是（540）度
	我们的验证	 $180°\times3=540°$
	我们的结论	五边形的内角和是（540）度

小组 3：我们猜想五边形的内角和是 720 度，用“分一分”的方法，发现五边形可以分成 2 个四边形，每一个四边形的内角和是 360 度，2 个 360 度是 720 度。我们的结论是五边形的内角和是 720 度。

探究一	我们的猜想	五边形的内角和是（720）度
	我们的验证	 $360°\times2=720°$
	我们的结论	五边形的内角和是（720）度

教师：同学们，看看这三种不同的做法，他们的验证过程和结果可靠吗？谁来说一说？

学生 1：用“量一量”的方法可能会存在误差，有时度数不是刚好整数，我们是“估计”出来的，这个结果不太可靠。

学生 2：第 3 个小组，算了 2 个四边形的度数的和，可是，下面的两个角并不是原来五边形的内角，他们算多了！

教师：哪两个角？请你上来指一指。

教师：他认为这两个角不能算，大家认为呢？

学生：确实不能算，五边形的五个内角并不包括这两个。

教师：所以说这种验证过程和结果是不可靠的？

教师：有办法修正一下？

学生：多算的两个角刚好组成一个平角，也就是算出 720 度后减去 180 度，就可以了！得到五边形的内角和是 540 度。

教师：那第 2 个小组的呢？

学生：他们把五边形分成 3 个三角形，三角形的内角刚好都是原来五边形的内角，算出 540 度，没有问题！

教师：这样一来，相当于两种方法都得到了这个五边形的内角和是 540 度的结果。对于其它不同形状、不同大小的五边形，可以确定它们的内角和也是 540 度吗？

学生：可以！所有的五边形都可以这样把它分成 3 个三角形或 2 个四边形。

教师：谁能完整地说一说？

学生：对于任意的一个五边形，都可以从它的一个顶点开始向它相对的两个顶点连线，得到 3 个三角形。因为三角形的内角和是 180 度，所以五边形的内角和是 540 度。

【批判性思维培养说明：把求五边形的内角和的过程看成是一个推理的过程。那么对不同的推理过程及结论进行评估是培养学生批判性思维的重要过程。这个环节，当出现多种结论时，学生心理隐含的对推理“矛盾律”的认可使得学生在面对多种不同结论时会很自然地去梳理思维，辨析各种思维的合理性。在老师的引导下，学生一步步经历这样一个反复思考，谨慎求证的过程，这便是对评估论证技能的一种培养。**】**

三、迁移推理：异中求同明本质

教师：类似的，你会求六边形的内角和吗？请大家独立完成探究二。

探究二	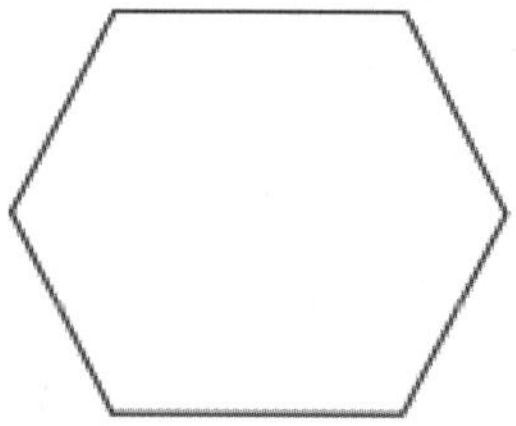
	我的结论：六边形的内角和是__________

学生展示如下的几种不同的方法：

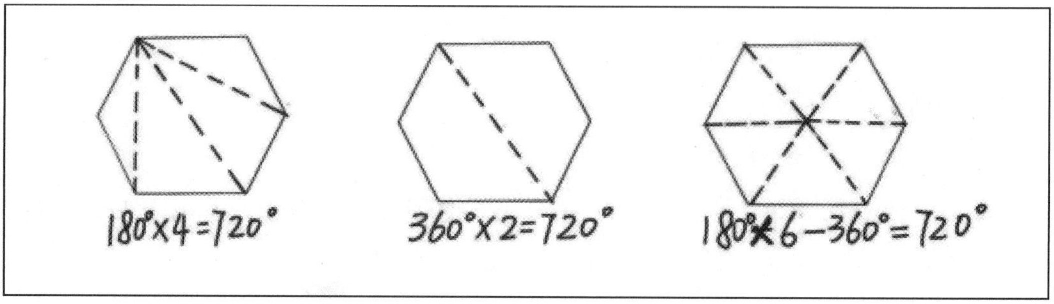

教师：这三种不同的方法之间有什么共同之处吗？

学生 1：它们求的都是六边形 6 个内角的和，都是得到 720 度。

学生 2：它们都是把求六边形的内角和转化成我们会算的三角形或四边形的内角和来求。

教师：再仔细观察一下方法 1 和方法 2，它们有什么共同之处吗？

学生：我们推导四边形的内角和时，是把四边形看成 2 个三角形，这样方法 2 中 2 个四边形的内角和其实也是 4 个 180 度，这样就和方法 1 的一样！

教师：也就是方法 1 和方法 2 求的都是 4 个 180 度的和。方法 3 也可以这样看吗？

学生：如果把方法 3 中的周角 360 度看成 2 个平角，也就是 2 个 180 度，用乘法分配律，$180\times6-180\times2=180\times4$，也可以看成是 4 个 180 度。

【批判性思维培养说明：关联能力是推理论证技能的关键要素。引导学生对不同的推理过程进行观察分析，在“不同中”找“相同”，将指向同一结论的不同的推理过程建立联系，有助于学生感悟知识的本质，培养学生的关联能力。**】**

四、构建论证：切实可靠是关键

教师：通过刚才的探究，我们知道了——三角形的边数是 3，内角和是 1 个 180 度；四边形的边数是 4，内角和是 2 个 180 度；五边形的边数是 5，内角和是 3 个 180 度；六边形的边数是 6，内角和是 4 个 180 度。

图形		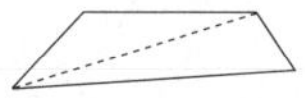	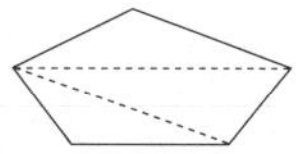	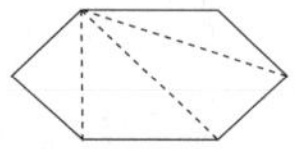
边数	3	4	5	6
内角和	180°	180° ×2	180° ×3	180° ×4

教师：观察这个表，说说你有什么发现？

学生：180 度的个数比边数少 2。

教师：猜一猜，n 边形的内角和是多少？

学生：180° ×（n−2）

教师：你有办法验证自己的猜想吗？

学生：可以画一些边数多一些的多边形来验证一下。

教师：这个方法保证可靠吗？

学生：不是很可靠，因为不能把所有的多边形都画出来。

学生：其实可以这样想，不管是多少边形，我们都可以像上面的图一样选定一个顶点，向它对面的顶点连线，这样的话，n 边形就可以分成（n−2）个三角形，那么它的内角和就是 180° ×（n−2）。

教师：对于他的说法，同学们有什么问题吗？

学生：为什么“这样的话，n 边形就可以分成（n−2）个三角形”？

学生：因为这个顶点不连它自己，也不连它旁边的两个点，那么一共可以连（n−3）条线，这样就可以把多边形分成（n−2）个三角形。

教师：再想一想，这个方法对所有的多边形都适用吗？

学生：适用！

教师：同学们刚才用了“说理”的方法来验证，比前面“举例”的方法要“可靠”一些！由此我们就得出了求多边形内角和的一般公式——n 边形的内角和 $=180°\times(n-2)$。

【**批判性思维培养说明：**经历不同形式的推理过程、积累推理的经验有助于培养学生的推理能力。有了前面探究五边形、六边形内角和的推理经验，对于其他的多边形，学生很容易想到用“举例”或“说理”的方法来验证。另外，“举例”指向归纳推理，“说理”指向演绎推理，虽然这时候的归纳推理只是不完全归纳推理，演绎推理的过程学生也不能表达得那么完整，但是老师鼓励学生说，引导学生完整说，提醒学生对说的过程反思质疑，学生便有了批判意识，长此以往，学生定会越来越会思考，越说越好。】

第 7 章　基于“统计与概率”教学的“评估信息”“辨别谬误”技能培养

7.1　“统计与概率”教学与批判性思维中的“评估信息”“辨别谬误”技能

“评估信息”和“辨别谬误”是批判性思维中的两项重要技能。在某种程度上，这两项技能的培养在小学数学各个领域的教学中均可体现，但从联系生活实际的角度而言，“统计与概率”领域的教学更适宜对这两项技能进行深入的培养。

7.1.1　“评估信息”“辨别谬误”技能的内涵

“评估”一词在《现代汉语词典（第 7 版）》中的解释是“评议估计；评价”。结合词典中对“评议”和“评价”的解释，可以认为“评估”就是“通过评判或审核来决定、估计价值的高低”。因而“评估信息”就是“通过评判或审核来决定、估计所获取信息的价值的高低”。

在《学会思考——小学数学教师批判性思维教程》一书中，我们从“分清事实和观点”“找出论题和结论 ”“理由是什么”“证据的效力如何”“数据有没有欺骗性”等多方面进行了阐述[①]。这些内容，是对批判性思维中的“评估信息”具体要评估哪些信息的解读。由此也可以看出，批判性思维中的“评估信息”，侧重于对论证中证明结论的“论据的效力”的评估。

然而现实世界纷繁复杂，信息的呈现方式也多种多样，“评估信息”意味着首先要能够从纷繁复杂的现象中捕捉和获取信息，或是对收集的信息进行提炼、鉴别，筛

① 陈晓燕，于芳 . 学会思考：小学数学教师批判性思维教程 [M]. 长春：吉林大学出版社，2019：121−141.

选出自己所需要的信息。在此基础上，要能够对所获取的信息是否真实、准确，对目前需要解决的问题是否有价值等各个方面做出客观的判断。

综上所述，从批判性思维的角度而言，评估信息能力是指能够捕捉和获取信息，通过独立思考，对获取的信息从多个角度进行分析辨别，从而对信息的真实可靠程度、价值大小等各方面做出评判。

“谬误”一词在《现代汉语词典（第7版）》中的解释是“事物中的错误、差错”。“事物中的错误、差错”涵盖生产生活的方方面面，批判性思维中的“辨别谬误”显然不是泛指识别生活中的各类错误。运用批判性思维“辨别谬误”主要是指发现和识别说理论证过程中不容易发现的错误和差错。这里的论证，既包括演绎论证，也包括归纳论证。在《学会思考——小学数学教师批判性思维教程》一书中，我们已经阐述了论证过程中常见的谬误有：偷换概念、循环论证、虚假二难推理、因果谬误等。另外，论证中还存在诉诸心理因素的谬误、诉诸人身的谬误以及混淆视听的谬误等等。①

在一定程度上，“评估信息”和“辨别谬误”有着密切的联系，二者都与推理论证是否有效相关。“评估信息”针对“论据的效力”，“辨别谬误”指向“论证的方式”。能够“找出论题和结论”，知道“得出结论的理由是什么”“这些理由能否支撑结论”才能够理顺论证的过程，然后才能辨别推理论证中是否存在“偷换概念”“混淆视听”等谬误。

7.1.2 “评估信息”技能的关键要素

批判性思维要求我们首先能够有效识别、分析和评估观点和事实，认识和克服个人的成见和偏见。而这些正是掌握“评估信息”这项技能需要达到的目标。

要做到有效识别、分析和评估观点和事实，首先要能够捕捉和获取信息，然后才能够通过独立思考、多角度分析等方式对信息进行分析和评估。因此，“评估信息”技能的关键要素包括“获取信息”“分析信息”。下面我们分别进行阐述。

◆获取信息

获取信息，是指为了达成某个目标，选择适当的手段，自主地、不遗漏地从多种渠道获取所需的信息。

① 陈晓燕，于芳．学会思考：小学数学教师批判性思维教程 [M]. 长春：吉林大学出版社，2019：199−214.

信息获取能力首先表现为了解和熟悉各种信息源，掌握信息产生的动态和信息传输的渠道。快速、准确地判断自己所需的信息可以从什么渠道，采用什么方法、手段获取，就能够有的放矢地组织策划自己的信息获取方案，既能提高信息查找的速度，又能保证信息获取的全面、准确性。在“统计与概率”教学中，学生需要知道应该收集哪方面的信息、采取何种方式才能收集到自己需要的信息、策划简单的信息获取方案等。

其次，信息获取能力还表现为掌握并应用多种信息检索工具。信息载体的多样性和信息渠道的复杂性，使得光凭经验的信息搜索必然是低效率的、甚至是无效率的。会不会有效利用信息检索工具往往成为决定信息获取效率的关键因素。随着时代的发展、技术的飞速进步，学生的学习不能被封闭在象牙塔中，他们同样应该接触互联网与各种信息检索工具，需要掌握一定的信息检索能力，知道如何检索、用何种工具检索才能更快速地获取相对准确的信息。

最后，许多信息是隐藏在其他信息之中的，更有许多信息的真正价值是不易被发现和利用的，因此信息获取能力还包括信息挖掘能力，就是从信息源中提取隐藏的、潜在的有效信息的能力。具备信息挖掘能力就能够在信息价值尚未被人们所认识之前将其筛选、甄别、提炼出来，为决策和实践提供前瞻性的依据。在“统计与概率”的学习中，信息挖掘能力体现在能够发现信息之间的联系，进而读出隐藏的深层信息。

◆分析信息

分析信息就是分析信息内容和信息来源，鉴别信息质量和评价信息价值，决定信息取舍。分析信息往往是要为做出决策做准备，因此分析信息需要对各种相关信息进行深度加工，是一项具有研究性质的智能活动。分析信息既包括分析自己收集、获取的信息，也包括分析他人提供的、现有的信息。

分析信息内容首先要鉴定获取的信息与需要解决的问题是否相关。例如公司做投资决策时，就需要全面分析与投资项目相关的信息，然后对相关的信息进行解读、加工。例如通过解读加工与投资项目相关的信息，分析该项目的可靠程度、发展趋势、盈利空间等等。

分析信息来源需要思考的问题较多。同样是从网络上获取的信息，从短视频APP、即时通讯工具、搜索引擎、学术网站上获取的信息，可靠程度就不尽相同。但同样是从短视频APP上获取的信息，该问题领域的专家意见和普通人的意见可靠程度又不相同。虽然我们一般默认研究机构通过调查收集的数据信息比较可靠，但调查的方式、调查研究人员是否存在偏向等问题都会影响信息的可靠程度。对于如何多角度分析信息来源是否可靠，我们在《学会思考——小学数学教师批判性思维教程》一书中的第七章“评估获取的信息”有较为详尽的阐述，[①] 本章不再做更具体的分析。

7.1.3　“辨别谬误”技能的关键要素

说理论证中出现各种谬误的主要原因有两点，一是缺乏证据意识，把情感、权威、经验等当成论证事物是否成立的依据；二是缺乏理性思维，也就是基本的逻辑思维，于是在说理论证的过程中因果关系混乱、以偏概全、偷换概念。因此，“辨别谬误”技能的关键要素是证据意识和逻辑思维。

◆证据意识

证据意识是指能够认识到做判断、下结论要有理由，也就是要有支撑结论的证据。

具有证据意识不仅仅是在思考和鉴别他人的结论时要寻找他是否提供了充足的理由，在自己阐述观点时同样应该注意是否有足够的证据支撑自己的结论。也就是在得出一个结论前，应当先有足够的理由，而不是不假思索地得出结论，在受到质疑时才匆忙地寻找理由。

具有证据意识的人，就不容易受情感的影响，犯各种诉诸心理因素的论证谬误；也不会轻易把提出观点的主体特征与观点本身混为一谈，犯各种诉诸人身的谬误。

◆逻辑思维

逻辑思维能力是指人正确、合理思考的能力。即对事物进行观察、比较、分析、综合、抽象、概括、判断或推理的能力。[②] 只有经过逻辑思维，人们对事物的认识才能达到对具体对象本质规律的把握，进而认识客观世界。它是人的认识的高级阶段，即理性认识阶段。

逻辑思维是前后一贯的，而不是自相矛盾的；是有条理、有根据的思维；在逻辑思维中，要用到概念、判断、推理等思维形式和比较、分析、综合、抽象、概括等思维方法。

---

① 陈晓燕，于芳．学会思考：小学数学教师批判性思维教程 [M]. 长春：吉林大学出版社，2019：121−141.

② 郝乐，马乾凯，郝一凡，李忠海．数学教育与逻辑思维能力的培养 [J]. 数学教育学报，2013,22（6）:9−11.

逻辑思维要遵循逻辑规律，主要是形式逻辑的同一律、矛盾律、排中律、辩证逻辑的对立统一、质量互变、否定之否定等规律，违背这些规律，就会发生偷换概念、偷换论题、自相矛盾、形而上学等逻辑错误，认识就是混乱和错误的。

7.1.4 “评估信息”“辨别谬误”技能与“统计与概率”的关系

“统计与概率”是小学数学课程中的重要学习内容，其核心目标是培养学生的数据分析观念。

数据分析观念培养的三个方面分别是：数据的收集、整理和描述，即了解在现实生活中有许多问题应当先做调查研究，收集数据，通过分析作出判断，体会数据中蕴涵着信息；数据的分析和判断，即了解对于同样的数据可以有多种分析的方法，需要根据问题的背景选择合适的方法；通过数据分析体验随机性，一方面对于同样的事情每次收集到的数据可能不同，另一方面只要有足够的数据就可能从中发现规律。

“数据的收集、整理和描述”“数据的分析和判断”其实就是在“获取信息”和“分析信息”。“数据分析观念”的培养与“评估信息”能力的培养是比较契合的，可以说“数据分析观念”的培养是发展学生“评估信息”能力的重要内容和实现途径。

“统计与概率”领域的学习不仅能够发展学生“评估信息”的能力，同样也能够帮助学生提升“辨别谬误”的水平。

人们之所以需要“收集整理数据”和“描述分析数据”，是因为要了解现实情况，解决现实问题，我们需要用“数据说话”。“统计与概率”领域的学习能够让学生认识到下结论、做判断要有依据，需要数据支撑，这就是“证据意识”。

在“数据的收集、整理”过程中，学生会认识到在班级内收集的数据只能代表本班的情况，不能说明全校的情况，进而逐渐认识到统计数据的样本要较好地代表、反映总体是需要综合考虑各方面的抽样要求的。在这个过程中，学生能够意识到，用数据说话时，不能犯“以偏概全”的错误。

数据分析观念中不能忽略的一个要素就是能对数据的来源、处理数据的方法以及由此得到的结果进行合理的质疑。在对数据质疑的过程中，学生会认识到数据收集的过程中，要避免因为情感偏向、迷信权威等造成的数据偏差。这对于学生今后识别论证过程中出现的诉诸心理因素的谬误、诉诸权威的谬误等都是有益的。

7.2 “评估信息”“辨别谬误”技能的培养策略

7.2.1 “评估信息”技能的培养策略

信息分为自然信息、表征信息、概率信息。春去秋来、花开花落是自然信息的表达。“用文字、符号、数据、语言、图片、图像等能够被人们感觉器官所感知的形式，把客观物质运动和主观思维活动状态表达出来的是表征信息”。[①] 对现实数据进行整合统计得到相应的推断结论属于概率信息的范畴。

现实生活中的“评估信息”显然应该包括对上述三种类型信息的评估。但具体到小学数学教学中，课堂上讨论的信息主要是表征信息与概率信息。由于“表征信息”的获取与分析能力培养将在本书第5章“基于‘问题解决’教学的‘解读—分析—反思’技能培养”中进行阐述，因此本节主要讨论有关“概率信息”的评估技能培养。

7.2.1.1 获取信息能力的培养

获取信息能力的培养包括以下两个方面，即帮助学生掌握获取信息的方法和整理信息的方法。

◆掌握获取信息的方法

概率信息的获取有两个途径，一是运用各种收集数据的方法，收集原始数据；二是通过官方渠道或查找文献获取统计数据。

在“统计与概率”教学中，学生主要学习了收集原始数据的方法。例如在二年级时就已经知道通过举手、投票等方式收集信息，了解全班同学喜欢的颜色、交通工具等。到了中、高年级，学生进一步学习了通过发放调查问卷的方式收集信息，例如发放问卷收集全班同学的身高、体重数据等。

教学中有必要加强的是通过官方渠道或查找文献获取统计数据。在学生完成原始数据的收集整理之后，可以引导学生思考，如何获取更大范围内同龄小学生的情况呢？在学生认识到可以在网络上查找之后，教师可以为学生提供权威的网址，让学生课后进行检索。例如在收集整理了全班同学的身高、体重数据后，可以让学生查找中国儿童身高体重发育标准，与本班同学的情况进行对照。为后续进一步分析数据提供便利。

① 杜玉华，李永全. 信息论理论基础教程 [M]. 北京：中国电力出版社，2014：2.

◆掌握整理信息的方法

整理信息主要是指整理原始数据。整理原始数据的方法包括信息分类、制作统计图表等。

真实情境中收集的数据常常需要先分类才能进一步整理。例如全班同学的身高、体重数据，每一个同学的数据都不尽相同，如果直接按原始数据统计，类别就会特别多。因此需要先把数据进行分段，然后分段统计。分段统计时还需要考虑每一个数据段涵盖的数据范围应该一致。再如收集全班同学喜欢玩的电子游戏数据，最后收集到的游戏可能达数十种之多，那么就要对这些电子游戏进行分类，分成休闲益智类、角色养成类、竞技格斗类、环境塑造类等，然后才能进行统计和整理。这些方法的掌握，是不能通过告知习得的，需要让学生在真实的调查统计过程中，遇到数据整理的困难，进而想办法解决问题才能逐步掌握。

数据分类之后的整理是学生在数学课堂上学习的主要内容，读懂并学会绘制统计表、条形统计图、折线统计图、扇形统计图，是小学阶段学生在统计与概率领域中需要掌握的知识。除了掌握这些基础知识，我们还需要引导学生理解：不同类型的数据，有各自适合的整理呈现方式。例如随时间发展变化的数据，更适合用折线统计图呈现；对比同类数据，应当合并绘制复式统计图；每一格代表数据的大小，能够影响读图时的主观感受，会放大或缩小差距。

7.2.1.2 分析信息能力的培养

培养学生分析信息的能力，我们可以从解读信息、加工信息、关联信息三个方面入手。

◆解读信息

解读信息指阅读整理后的数据信息，在观察图表的过程中理解信息。在日常的“统计与概率”教学中，这是最常见的教学环节。教师让学生观察统计图表，说一说你发现了什么，在这个过程中，指导学生学会阅读图表、理解信息。阅读的内容包括标题，即这份统计图表讲了一件什么事情；日期，这件事情是什么时候发生的；数据与单位，这件事情中调查项目的数据分别是多少。

◆加工信息

加工信息指在阅读理解的基础上进一步通过观察数据、计算数据来分析信息。这也是“统计与概率”教学中的常见环节。学生在深入观察统计图表的过程中会进一步思考：哪组数据最大、哪组数据最小、数据整体呈什么样的发展趋势、数据之间的差距有多大。

◆**关联信息**

解读信息和加工信息在某种程度上仍然属于对数据的表层理解，停留在就事论事的层面。要真正把握信息背后隐藏的问题或答案，需要将信息进行关联性解读。什么是关联性解读呢？例如我们在阅读某地2000年至2010年间城市和农村人口数据变化统计图表时，发现农村人口逐年减少、城镇人口逐年增加，总人口也逐年增加。这是怎么回事呢？此时教师可以为学生提供我国人口普查的数据、城市化进程数据。把这些数据关联起来，学生就会发现，这十年是我国城市化进程飞速发展的十年，也是我国人口不断增长的十年，因此某地出现的这种现象只是中国大地上的普遍现象而已。

关联信息，需要在广泛获取信息的基础上，对信息进行关联性解读，这在目前的“统计与概率”教学中并不常见，也是需要我们在日常教学中加以强化的内容。

7.2.2 “辨别谬误”技能培养策略

“辨别谬误”技能的关键要素是“证据意识”和“逻辑思维”，因此我们可以从“树立证据意识”和“发展逻辑思维”这两个方面培养学生的“辨别谬误”能力。

7.2.2.1 树立证据意识

具备证据意识意味着能够认识到下判断、做决定需要证据，同时还要能够辨别什么才是真正的证据，而不会被表达情感、缺少依据的假设等虚假证据所蒙骗。

◆**认识到下判断、做决定需要证据**

在小学数学教学中，说明所持观点的理由是教学中经常需要开展讨论的环节，无论是在“数与代数”领域还是在“图形与几何”领域，这样的训练都是常事。

在“统计与概率”领域的学习中，常会有根据统计图表中所提供的信息，推测事物的发展趋势、决定商店的经营策略等问题。例如根据今年每个月甲、乙两种品牌自行车的销售情况，决定明年应该怎么进货；根据去年某地8月份的天气，推测今年8月份什么时候去当地旅行比较合适。这些问题的研讨，同样能够帮助学生认识到下判断、做决定需要证据。

◆**判断什么是真正的证据**

在认识到下判断、做决定需要证据之后，学生还需要理解和判断什么是真正的证据。证据是能够回答为什么的依据，是看法成立的依据。

在日常教学中，引导学生说理时就可以培养学生鉴别证据的能力。例如当学生说出类似“因为这两个角看起来一样大，所以它们是相等的”“因为它们相等，所以它们一样大，”这样的话时，教师应当引导学生鉴别这些论证中的理由是证据吗？它们能证明结论吗？通过这样的训练，学生就能够逐渐学会辨别简单的“循环论证”“同义反复”这一类谬误。

小学生受年龄的影响，既有以自我为中心的倾向，也有迷信权威的特点。因此他们比较容易受情感倾向或权威的影响来做决定。他们在下判断、做决定时，会犯各种诉诸心理因素的谬误，例如将“我喜欢吃西瓜”作为“全班郊游时应该多买西瓜”的证据。

在“统计与概率”的学习中，当出现这些谬误时，可以引导学生思考，我们做决定时能够只考虑自己的喜好或者只听老师或家长的意见吗？例如“郊游究竟应该怎么带水果？”通过班级同学的讨论，学生能够逐渐认识到，只考虑个人的喜好或由权威人士决定都不合适，我们应该根据统计数据，决定哪些水果多带一些，哪些水果少带一些。

7.2.2.2 发展逻辑思维

数学课程本身的学习就是在数学知识的学习过程中发展逻辑思维，因此，发展逻辑思维是数学课程的重要主题，也是学生数学学习的重要目标。在数学课堂中，运用数学语言分析和表达；根据已有的定理，进行规范的计算和证明，这些都是培养逻辑思维的重要方式。

上述学习内容能够帮助学生学会如何推理和论证，在本书的第 6 章，还详细探讨了如何基于“猜想—结论”教学模式培养“推理—论证”技能。因此，本节主要对“统计与概率”教学中如何发展学生的逻辑思维进行阐述。

◆在统计推断中发展归纳推理能力

统计推断也叫“统计概括”，是由样本具有某属性从而推出总体也具有某属性的推理。统计推断是一种归纳推理，它的结论超出了前提所断定的范围，前提与结论间的联系是或然性的。

例如在学生学习了百分数之后，可以让学生调查本班同学对学校午餐的满意程度。接着提出问题：“如何了解全校学生对学校午餐的满意程度呢？”“能仅仅根据我们班级的情况进行推理吗？”这样学生一方面能够认识到仅仅从一个班的情况推断全校的情况是不合适的，这样就犯了以偏概全的错误；另一方面，学生会提出这样的问题，全校有一千多个学生，一个一个地统计也太麻烦了。这时，教师就可以引导学生发现其实还可以采取抽样调查的方法，每班随机调查 5 个同学，最后用抽样统计的结果推断全校学生的满意程度。在讨论如何在班级中进行抽样的过程中，学生能够进一步认识到，无论怎么抽样，都不可能做到百分之百的准确，只能够尽量接近整体的情况。因此，我们要辩证地看待统计的结果。

在条形统计图的学习中，根据统计的情况，讨论商家应该如何进货；在折线统计图的学习中，根据统计图中折线所体现的上升或下降的总体趋势来预测事物接下来的发展情况，都属于统计推断。

在运用统计推断解决问题的过程中，教师应当引导学生学会全面考虑问题，避免犯“以偏概全”“因果关系错误”等谬误。例如统计出两种品牌每月自行车销量后讨论第二年一月份应该如何进货，就不能简单地根据上一年销售情况决定，而要考虑销量的整体变化情况，判断消费者的喜好变化。再如统计雪糕和汽水的销售情况后判断第二年应该如何进货，则还应该考虑季节、气温等对消费喜好的影响。

◆在统计三段论中发展演绎推理能力

统计三段论也是从一般到特殊的推理。但是它不像演绎推理中的三段论那样，只要前提正确，就可以得到一个正确的结论。例如下面的推理过程就是统计三段论。

我们学校 85% 的小学生是少先队员（一年级学生没有入队）。

小明同学是小学生。

所以，小明同学是少先队员。

虽然我们知道小明同学是少先队员的可能性很大，但还是不能保证他一定是少先队员。

除了上述形式的统计三段论，根据对总体的调查结果推断部分将呈现的属性，也属于统计三段论。

例如根据中国广东地区血型比例，推断广东地区某小学某个班学生中每种血型的人数，运用的也是统计三段论。

在百分数、扇形统计图以及概率的教学中，我们可以引导学生使用统计三段论进行推理，并且在这个过程中逐渐学会辩证统一地看待问题，知道事物是发展变化的，我们通过统计能够了解事物的大致情况，了解某件事发生的概率，但却无法完全把握事物的全貌，也不能完全确定单一事件是否会发生。

7.3 课例 1：数据收集整理

教学内容：《人教版义务教育教科书 · 数学》二年级下册 P2 例 1。

教学目标：

1. 通过“选校服”的问题情境，让学生经历“制定方案—调查—收集数据—整理数据—分析数据—解决问题”的全过程，初步体会在现实生活中，有些问题应当先做调查，收集数据，再做决定。

2. 经历数据收集和整理的过程，了解调查的方式及结果呈现方式（统计表）。

3. 通过对数据的简单分析，感受数据中蕴含的信息，体会统计在预测和决策中的作用，初步培养数据意识，发展分析问题和解决问题的能力。

批判性思维培养目标：

1. 以新闻标题引入，发展学生获取信息、解读信息的能力。

2. 在讨论调查方式的过程中，初步感知调查方式会影响统计数据。

3. 通过对“用我们班最喜欢的颜色做全校校服的颜色是否合适”的讨论，发展学生独立思考、敢于质疑、合理辩论的意识及分析、评估信息的能力。

教学过程：

一、情境导入，引出调查需求

1. 谈话导入

（PPT 出示一则新闻标题）

教师：读一读，你获得了哪些信息？

学生 1：我知道，校服可以“一校一款”。

教师：“一校一款”什么意思？

学生 2：一所学校一个款式。

教师：对，一所学校一个款式，咱们学校也只能有一种款式。

2. 引出调查需求，制定调查方案

教师：怎样才能选出咱们学校的校服款式呢？

（同桌讨论 30 秒）

学生 1：我们可以在全校调查。

学生 2：可以先选一些款式给全校同学看，再让我们投票。

教师：真不错，大家的意思是我们得征求全校同学的意见，通过调查选出大家喜欢的颜色和款式，对吗？

教师：那先在我们班做一下调查，可以吗？

【**批判性思维培养说明：**以学生身边与校服有关的新闻标题引入，让学生在阅读中体会信息获取有多种方式，读懂信息是解决问题的基础。接着，通过讨论引发调查需求，初步体会做决策要先调查，初步形成尊重事实、用数据（证据）说话的习惯。】

二、经历“调查—数据收集—整理—分析”全过程

1. 讨论调查方法

教师：如果从以下四款校服中选择一款，在我们班开展调查，应该怎样调查呢？

这四种颜色的校服，你最喜欢哪种？

（同桌讨论1分钟）

学生1：可以举手，喜欢红色的举手，然后数一下有多少人，然后喜欢黄色的举手，再数人数……

学生2：也可以站起来，先是喜欢红色的同学全部站起来，数一下一共多少人，然后喜欢黄色的同学站起来，数一下多少人，然后……

学生3：还可以投票。

教师：你还知道投票，可以怎样投？

学生3：我们可以在纸上写下自己喜欢的颜色，然后全部交给老师，再数一下每种颜色有多少人写。

教师：你们真棒！居然知道这么多种调查的方法。我们就用举手的方法，可以吗？

教师：有个问题，举手时要注意什么？

学生1：要举高一点。

学生2：不能举2次、3次。

教师：也就是每个同学只能举1次手。举2次会怎样？

学生1：结果就会不对。

教师：举2次的话，我们调查的数据就会不准确，就不能做决定，对吗？所以，大家记得只能举1次手。

2. 现场统计数据

教师：想好自己选什么颜色了吗？想好了咱们就开始举手统计。

依次进行统计并记录数据（两个学生助手进行数数，如遇两人结果不同时，进行二次数数）。

教师小结：同学们，刚才我们通过举手调查，知道了我们班喜欢这四种校服款式的分别有多少人。这个过程其实就是在收集数据。（板书：数据收集）

3. 检验数据的准确性

教师：请你们仔细观察这些数据，怎样才能知道刚才有没有同学没举手或者举了2次手呢？

学生：全部加起来，看看是不是等于36？

教师：大家觉得呢？我们班一共有36人，对吗？

【**批判性思维培养说明：**让学生在讨论中初步了解调查的方法有很多种，初步培养其多角度思考问题的意识；“怎样才能知道有没有同学没举手或者举了2次手”这一问，引导学生得出——计算总人数与我们班级人数是否相同来检验数据的准确性，知道准确的数据是调查的根本，使学生认识到统计调查的严谨性，养成严谨、真实、实事求是的思维品质。】

4. 整理数据

教师：现在我们把收集上来的数据整理一下，使它看起来更清楚。（教师制作统计表）

颜色	红色	黄色	白色	蓝色
人数	3	3	1	29

教师：这个表格叫统计表，把数据整理后放在统计表中看起来更清晰，这就是数据的整理。（板书：整理）

5. 分析数据

教师：我们通过调查、统计，收集了数据，知道了喜欢每种颜色的同学各有多少人。请根据调查的数据，解答下面的问题：

PPT 出示：

（1）喜欢（　　）色的人数最多。

（2）如果订制班服，选择（　　）色合适，为什么？

（3）全校选这种颜色做校服，合适吗？为什么？

学生1：合适，因为我们班一共有29人喜欢蓝色，大家都喜欢蓝色。

学生2：我也觉得蓝色合适，我们喜欢，其他班同学肯定也喜欢。

教师：看来，很多同学都和这两位同学有一样的想法，我调查一下，觉得蓝色做全校校服不合适的同学请举手。

教师：能说说你们的想法吗？

学生3：我觉得不合适。

教师：嗯，说说你的理由。

学生3：我们是二年级，就算我们班很多人喜欢蓝色，但是其他班的同学可能更喜欢红色、黄色或白色。

学生4：还有，我觉得五年级和六年级的哥哥姐姐可能和我们喜欢的不一样。

教师：大家听明白他俩说的是什么意思吗？要不，咱们再讨论讨论。

（同桌讨论 1 分钟）

教师：现在改变想法的同学请举手。来，说说你们的理由。

学生 1：我觉得 ×× 同学说的有道理。我们班最喜欢的，其他班同学不一定喜欢。

教师：也就是说，我们班调查得到的数据，不能代表全校同学。如果要定制全校的校服，怎样调查比较合理？

学生 1：调查全校同学。

学生 2：先每个年级调查，然后再计算全校喜欢哪种颜色的最多。

【**批判性思维培养说明：**此环节通过对问题（3）的讨论，让学生初步感知“统计调查中，局部不能推断整体”，进一步体会调查统计需要科学的、合理的方法，再次体会统计的严谨性。更重要的是，在研讨中，教师有意统计“觉得不合适”的同学，让“少数群体”也有发表自己看法的机会，一方面鼓励了学生的独立思考，另一方面，也让“大多数”重新反思自己的判断和结论，进而调整自己的想法，这一过程有效地实施了“独立思考、评估信息、合理判断、及时反思调整”的批判性思维培养。】

三、练习巩固，进一步发展数据分析观念

1. 调查本班同学最喜欢哪个季节，把结果填入下表。

季节	春	夏	秋	冬
人数				

（1）最喜欢哪个季节的人数最多？

（2）如果组织同学们去游玩，最好安排在哪个季节？

（3）你还能提出其他数学问题并解答吗？

2. 阅读分析

5.

本周图书借阅情况

图书种类	童话	漫画	儿歌	其他
借阅人数	11	18	9	8

（1）借阅童话书的有（　　）人。

（2）借阅（　　）书的人最多。

（3）图书室要新买一批图书。你有什么建议？

3. 议一议：

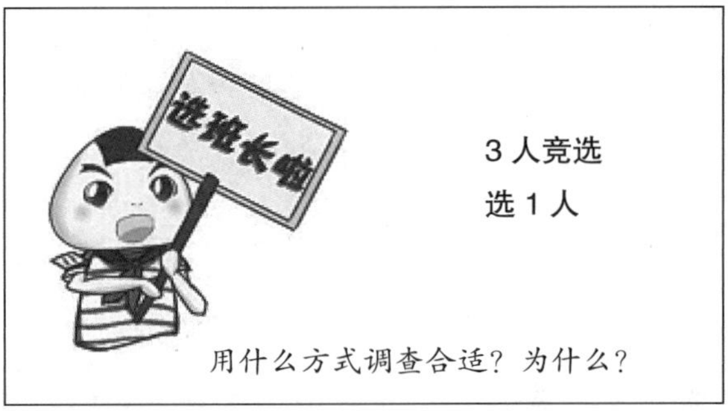

【**批判性思维培养说明**：练习 3 让学生进一步感知调查方式的多样性以及不同的调查方式对数据的真实性和客观性会有影响，要想获得真实、可靠的数据，要根据调查的实际情况，选择合理的调查方式。例如：在班级中调查选校服的款式，举手、排队、站立、投票等方法都合适，而竞选班长，采用无记名投票更合适。从而帮助学生从小树立调查需要严谨、科学、合理的意识以及谨慎看待统计数据的意识。】

7.4　课例 2：统计——用数据说话

教学内容：

《人教版义务教育教科书 · 数学》六年级下册 P96—97，统计图表总复习。

教学目标：

1. 在读图的过程中，整理所学习的统计图，用自己的语言描述条形统计图、折线统计图、扇形统计图的特点，区别单式统计图和复式统计图的特点和作用，明确在统计的过程中要根据需要选择合适的统计图。

2. 利用丰富的统计图表，帮助学生巩固从统计图表中获取信息的能力，在读懂统计图的过程中，培养学生根据统计信息的来源和读出的数据得出结论，根据结论作出简单的判断和预测以及进行交流的能力。

3. 在理解数据、辨析数据的过程中培养学生的批判性思维，使学生进一步体会数学与生活的紧密联系，发展数据分析观念，形成尊重事实、用数据说话的态度，形成科学的世界观与方法论。

教学过程：

一、导入新课

教师：今天这节课我们要一起复习与统计有关的知识。

教师：我们想了解纷繁复杂的社会，离不开统计。统计，就是用数据说话。（板书：统计——用数据说话）

二、选择恰当的形式

教师：要让数据好好说话，首先我们要选择恰当的表现形式。（板书：选择恰当的形式）

1. 回顾旧知

教师：我们已经学习过哪些统计图呢？

（板书：条形统计图、折线统计图、扇形统计图）

2. 条形统计图

（1）条形统计图的特点

教师：这里有两幅条形统计图，你看到了什么？

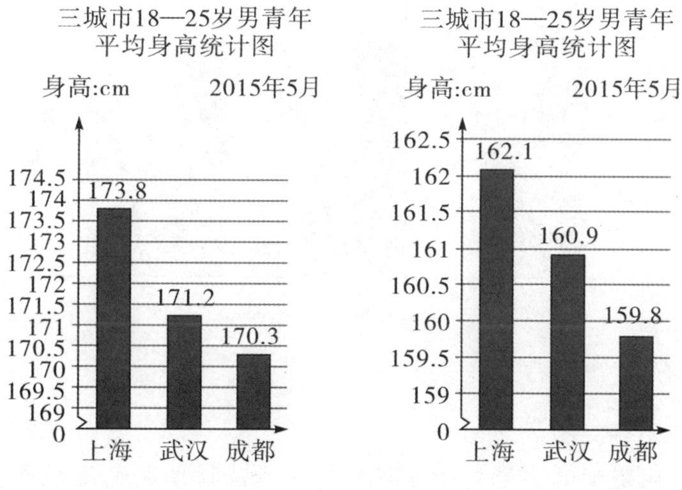

学生：这是三个城市的男青年身高统计图和女青年身高统计图。

学生继续自由表达，教师引导学生小结：条形统计图很容易看出数量的多少。

（2）复式条形统计图

教师：从图上看，感觉男青年高还是女青年高？

学生 1：女青年高。

学生 2：老师，不对啊，一般来说不是男青年高一些吗？

教师：对啊，为什么会这样？

学生 3：我发现了，虽然一格都代表 0.5 厘米，但是女青年这幅统计图的一格距离比较宽。

教师：哦，老师想起来了。其实这两幅图都是电脑绘制的，电脑并不知道这两幅图会摆在一起进行对比，因此在自动设置刻度的时候就出现了这样的现象。

教师：还是用电脑自动绘图，有没有办法解决这个问题呢？

学生 4：可以用复式条形统计图。

教师：这个主意好，我们马上试试。

教师现场导入数据，电脑绘图呈现结果。

三城市18—25岁男女青年平均身高统计图

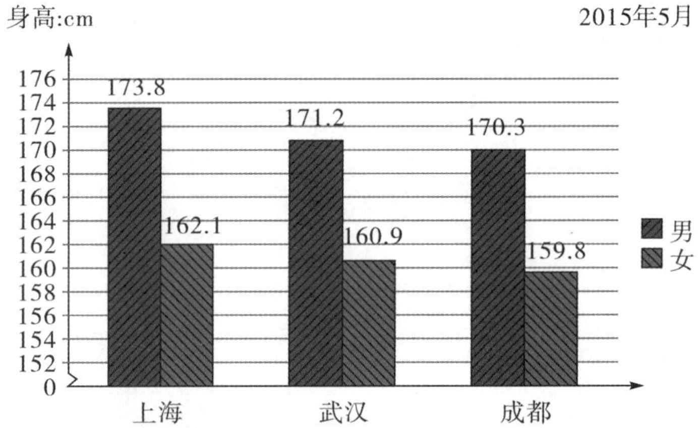

学生：哇，果然统一刻度了。

教师：看来，同类型的事物对比呈现的时候，选择复式统计图更能把话说清楚。

3. 折线统计图

教师：可以把身高数据绘制成折线统计图吗？

学生：可以。

教师呈现折线统计图。

三城市18—25岁男女青年平均身高统计图

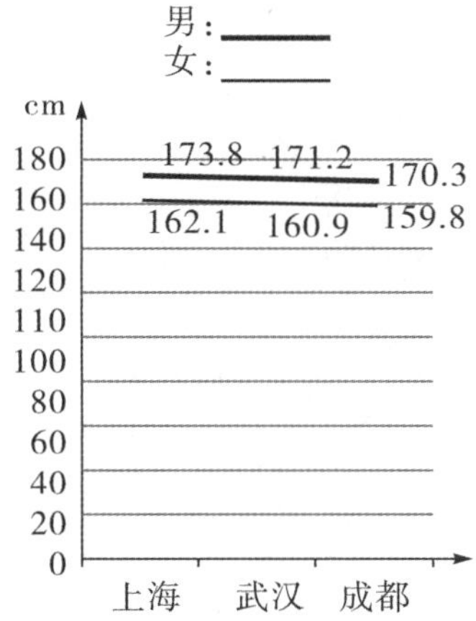

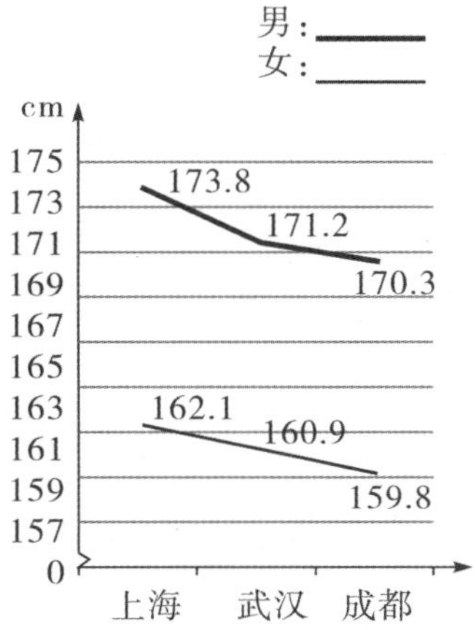

教师：比较两幅折线统计图，你们发现了什么？

学生1：同样的数据第二幅图能够比较明显地看到三个城市青年的身高呈现逐渐下降的趋势。

教师：还记得折线统计图的特点吗？

学生2：折线统计图能够明显地看出数量的增减变化。

教师：那怎么这两幅折线统计图中的第一幅就不大看得出来呢？

学生1：它的每一格代表的数太大了，这样所有的数据就差不多在一条线上了。

学生2：第二幅图每一格代表的数很小，就把差距拉大了。

学生3：第二幅图省略了0到157cm这部分的刻度，所以差距就放大了。

教师：看来要想让折线统计图显示出数量增减变化的情况也不是那么简单的，绘图方法很重要。

教师：在地图上找到三个城市的位置，你们认为男女青年的平均身高呈现逐渐下降趋势的原因可能是什么？

学生：地形、海拔高度、饮食习惯、经济富裕程度……

教师：在现实生活中造成某一现象的原因往往是很复杂的，同学们说的原因都有可能，如果要找到真相，还需要进一步的调查。

【**批判性思维培养说明：**在充分的讨论交流中，学生能够意识到现实问题是复杂的，要想了解事物的真相，需要全面收集信息，不能贸然得出结论。】

4. 扇形统计图

教师：我们再来看两幅扇形统计图。你们看到了什么？

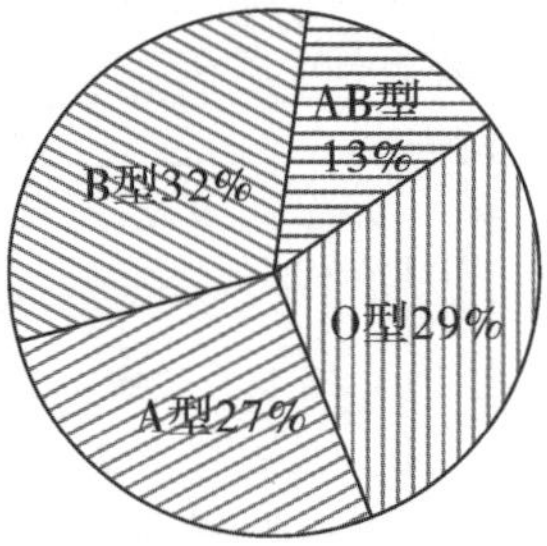

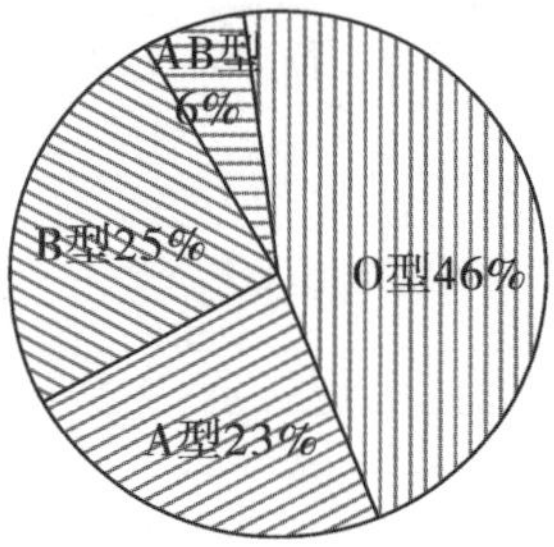

学生 1：看到了不同种类血型人数占总人数的百分比。

学生 2：北京地区 AB 型血的人最少，其他三种血型的人数比较接近。

学生 3：广东地区也是 AB 型血的人最少，但是 O 型血的人大约占总人数的一半。

教师：我们班同学的血型比例可能与哪幅统计图描述的比较接近？

学生：广东地区。

教师：现在我们根据这幅统计图推测一下，我们班 O 型血的人大约有多少人呢？

学生：我们班有 50 人，那么 O 型血的人应该有大约 23 人。

教师：你们知道自己的血型吗？

学生：知道，我们刚做了体检。

教师：太好了，那我们就现场举手验证一下。

（现场得出数据，全班 50 人，O 型血的人数为 24 人。）

三、让数据说真话

教师：看来，数据真的很会说话。那么你们希望数据说真话还是说假话呢？我们都希望数据能够说真话。（板书：让数据说真话）

1. 不完整的数据

教师：我们来看一组数据，你有什么感想？

PPT 出示：

其实跳伞是一项非常安全的运动。据统计，本地区近年来因为参加跳伞运动意外身亡的人仅 3 人，而因为经常跑步而意外身亡的人为 15 人。

学生 1：好像跳伞比跑步安全多了。

教师：他说的是真的吗？

学生 2：我觉得他说的不是真的，有可能跳伞的人很少，而跑步的人很多。

教师：也就是说，他忽略了每项运动总人数的数据。我们一起来看看事实的真相。

PPT 出示：该地区参与跳伞运动的人员约 100 人，经常跑步的人大约有 15 万人。

学生：不完整的数据会骗人。

教师：是的，要想反映客观现实，数据应该尽量完整。（板书：完整）

【**批判性思维培养说明：**这个环节的教学让学生深刻地体验到，“提供有利数据，隐瞒不利数据”，这样的宣传方式具有很强的欺骗性，只有全面了解信息，才能作出准确的判断。】

2. 有偏向的数据

教师：现在，我们再来看一个统计表。从统计表中的数据来看，哪个学校的学生更喜欢借书看呢？说说你的想法。

A 小学和 B 小学每个月的图书借出册数

	4 月	5 月	6 月	7 月	合计
A 小学	986	2918	3414	2420	9738
B 小学	849	2523	2938	2095	8405

学生 1：应该是 A 小学，它借书的总数多。

学生 2：我不同意，因为还没有告诉我们每个学校的总人数，数据不完整。

教师：有道理，我们看看两个学校的总人数是多少。

PPT 出示：A 小学共有 300 人，B 小学共有 200 人。

教师：现在你认为呢？

学生 1：这样的话应该是 B 小学。

教师：判断的依据是什么？

学生 1：B 小学人均借书的本数更多。

教师：大家同意他的说法吗？

教师：事情没那么简单。请看——A 小学有 150 人借书，B 小学有 200 人借书。

教师：这组数据，又可以怎么解释？

学生 1：A 小学人均借书 60 本，B 小学人均借书 40 本。A 小学的学生更喜欢看书。

学生 2：我不这么认为，A 小学只有一半的学生借书，B 小学每个人都借书。B 小学的学生更喜欢看书。

教师：两位同学都在用数据说话，一个是平均数，一个是百分数，都很有道理，难以取舍啊！

教师：如果你们是 A 学校的毕业生，你们会偏向哪种说法？如果你们是 B 学校的呢？

教师：看来，数据的使用也受我们的情感偏向的影响，我们还要客观使用数据。（板书：客观）

【**批判性思维培养说明：**学生在意识到要拥有更多的数据才能作出准确判断的基础上，进一步认识到在拥有了足够多数据的情况下，如何使用数据，还会受人们的情感偏向的影响，因此做到客观公正地使用数据并不容易。】

3. 数据的来源

出示某校“最喜欢的科目”调查活动统计图。

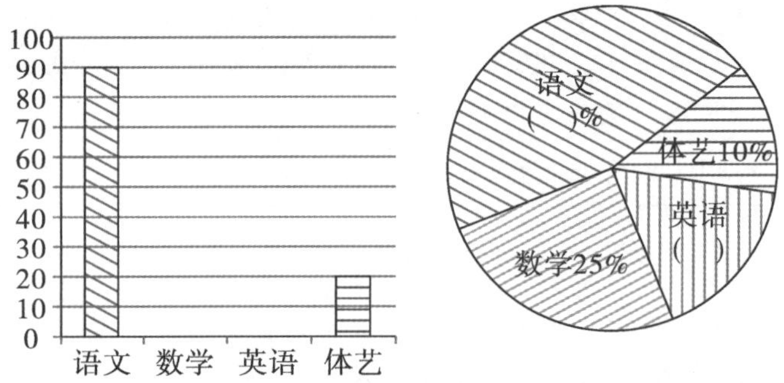

教师：请大家先计算出调查的总人数，然后把统计图补充完整。先完成的同学可以帮助有困难的同学。

（请学生简单汇报计算方法。）

教师：你们相信这个调查结果吗？为什么？

学生 1：不相信。不可能有那么多同学喜欢语文，然后那么少的同学喜欢体艺。

教师：你们认为调查中可能存在哪些问题？

学生 2：可能是语文老师调查的，大家不敢说真话。

（全班同学大笑。）

教师：同学们这是赞同的笑啊。

教师：那你们认为应该怎样调查比较好呢？

学生 1：用投票箱投票，票上不要写姓名。

学生 2：还可以请专门的调查公司来调查。

教师：看来，要想了解事物的真实情况，数据的来源很重要，好的调查方法才能让数据更加可靠。

【**批判性思维培养说明：**在这个环节中，学生能够意识到，调查方式的差异能够影响数据的真实性，要想收集到客观准确的数据，需要根据调查的内容，选择恰当的调查方法。】

四、听数据说话

教师：最后，我们来看一组由国家机构发布的非常权威的数据，听听数据要告诉我们的话。

广州、东莞、惠州 2012—2016 年
经济总量统计图

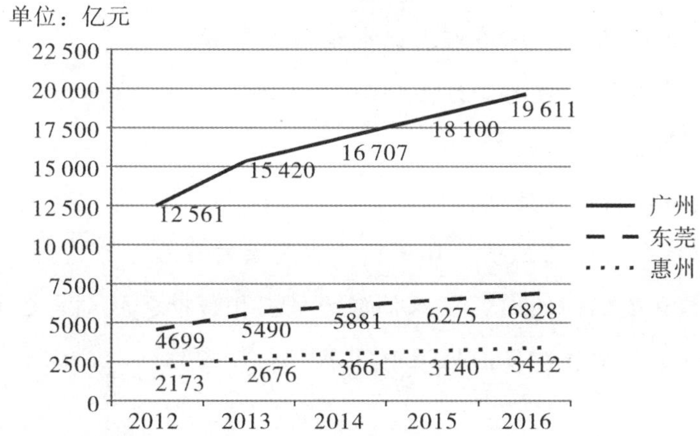

教师：推测一下，2017 年的折线将是什么走向？

学生：继续上升。

教师：那么你们认为哪个城市的增长速度更快？

学生：广州。

教师：是吗？我们可以通过计算增长率来得到它们的增长速度。知道怎么计算增长率吗？

（请学生拿出计算器，小组合作，完成统计表。）

	2015 年	2016 年	年增长率
东莞	6275	6828	8.8%
惠州	3140	3412	8.7%
广州	18 100	19 611	8.3%

学生：增长率都是百分之八点几，东莞惠州的增长率还略高于广州的增长率。

教师：相近的增长率，为什么差距却越来越大呢？

（学生静默思考。）

学生：广州的基数大，同样是增长百分之八，一万八千的百分之八远远高于六千的百分之八。

教师：这就是“马太效应”。

PPT 呈现：马太效应特指这样的现象——好的越来越好，坏的越来越坏；多的越来越多，少的越来越少。

教师：马太效应广泛存在于人类社会中，在学习中也一样，基础越扎实，学得越轻松，大家付出同样的努力，学渣却怎么也追不上学霸。

教师：如果我是学渣，该怎么办？

学生 1：学渣要付出双倍的努力。

学生 2：学霸可以帮助学渣。

学生 3：可以找到自己的强项，让强项产生马太效应。

教师：老师真喜欢你们的回答！双倍努力，互相帮助，找到自己的长处！有了这样的精神，未来一定会掌握在我们的手中！

7.5 课例 3：统计与生活

教学内容：概率、统计误导等。

教学目标：

1. 感受和理解概率与统计在生活中的作用。

2. 认识到统计数据并不一定能揭示事物的真相，不恰当的统计数据反而会造成对事物认识的偏差。

3. 在讨论彩票中奖问题的过程中进一步加深对古典概率的认识和理解，辨别概率问题中的谬误。

教学过程：

一、设疑导入

教师：小学阶段我们学习了不少统计与概率的知识，大家能不能用这些知识解答生活中的疑难问题。

学生：能！

教师：那我们就从用统计知识解决问题开始吧！

二、统计与生活

1. 该去哪家公司工作

PPT 出示两则招聘启事。

招聘启事一

招聘单位：外贸公司

招聘职位：营销职员

学历要求：本科以上学历，英语口语水平较高

待遇：人均月收入 4000 元

招聘启事二

招聘单位：电脑公司

招聘职位：网页设计职员

学历要求：本科以上学历，电脑水平较高

待遇：人均月收入 3500 元

教师：现在你们是一名大学毕业生？你想到哪家公司去应聘？为什么？

学生 1：我觉得去外贸公司比较好，因为工资比较高。

PPT 出示统计表：

职工工资实际分配情况一览表

外贸公司		电脑公司	
总经理	8000 元	总经理	5500 元
副经理	7000 元	副经理	4500 元
职员 1	1800 元	职员 1	2500 元
职员 2	1600 元	职员 2	2500 元
职员 3	1600 元	职员 3	2500 元
平均工资	4000 元	平均工资	3500 元

教师：看了这个统计表，你们有什么想法？

学生 1：为什么外贸公司职员的工资这么低，但是平均工资却比较高？

教师：谁能解答这个问题？

学生 2：因为外贸公司的经理工资特别高，所以就把平均工资拉高了。

学生 3：看来找工作的时候不能只看整个公司的平均工资，要看普通职员的平均工资。

教师：是啊，平均数很容易受极端数据的影响，这时候它就有可能欺骗我们，其他统计数据也一样。

【**批判性思维培养说明：**在充分的讨论交流中，学生能够意识到平均数容易受极端数据的影响，这时它就不再代表一组数据的一般水平，因此要合理使用平均数。】

2. 不靠谱的电话调查

PPT 出示美国总统选举民意调查数据：

1936 年美国总统大选前夕，一家公司从电话记录和汽车登记文档中选取了部分民众进行了民意调查，调查结果显示，共和党总统候选人蓝登将以 57% 对 43% 的绝对优势击败现任总统罗斯福。但最终的选举结果是罗斯福总统最终以 59% 对 41% 获胜。

教师：为什么民意调查的结果这么不准确呢？请同学们认真思考一分钟，然后在小组内交流一下想法。

（学生思考交流后全班讨论。）

教师：谁能分享一下自己的想法？

学生 1：我觉得可能是因为有的人在电话里说的是一套，真正投票的时候又是另一套。

学生 2：我觉得虽然有这个可能，但是这样的人应该不多，不至于造成这么大的偏差。

学生 3：请大家注意一下调查的时间，1936 年，许多家庭还没有汽车或者电话，这些应该都是富人才有的。这说明他们调查的对象都是富人，而人数更多的穷人的意见被忽略了。

学生 4：哦，我明白了，富人群体支持蓝登的比较多。

教师：那怎样做才能让民意调查的结果比较准确呢？

学生 5：应该在所有可以投票的人里面均匀地找人调查。

教师：均匀这个词用得好。也就是说我们在调查的时候，要尽量让选取的调查对象能够代表总体的情况。这次调查所犯的错误就是想知道全体民众的意见却只调查一个特定群体的意见。

教师：那同学们觉得，我们如果要做一些关系到全体人民的民意调查要注意什么问题？

学生 6：不能只在网络上调查，因为很多老年人不上网。

学生 7：也不能只在一个特定的 App 上调查，因为每一种 App 使用的人群是不一样的。

教师：是的，以后我们在阅读统计数据的时候，也要关注一下这些数据是怎么调查得来的，它能不能代表总体的情况。

【**批判性思维培养说明：**现实问题是复杂的，要想了解事物的真相，需要全面收集信息，当样本出现偏差时，就不能反映事物的全貌，收集数据、评估信息都要考虑样本是否能够较好地代表总体。】

3. 应该加固飞机的哪个部位

PPT 出示飞机防护问题：

1941 年，第二次世界大战中，美国哥伦比亚大学统计学沃德教授应军方要求，利用其在统计方面的专业知识来提供关于《飞机应该如何加强防护，才能降低被炮火击落的几率》的相关建议。沃德教授针对联军的轰炸机遭受攻击后返回营地的机身弹孔数据进行了统计。

飞机部位	引擎	机身	油料系统	机翼
每平方英尺的平均弹孔数	1.11	1.73	1.55	1.80

飞机最应该加强对哪个部位的防护?

教师：飞机最应该加强对哪个部位的防护呢？请同学们认真思考一分钟，然后在小组内交流一下想法。

（学生思考交流后全班讨论。）

教师：谁能分享一下自己的想法？

学生1：我们认为最应该强化机翼的防护，因为机翼上面的弹孔最多，说明机翼更容易被击中。

教师：大家同意他的意见吗？

学生：同意！

教师：大家想知道沃德教授给出的结论吗？请看。沃德教授的结论是“我们应该强化引擎的防护”。

教师：这是为什么呢？沃德教授提醒大家一件事——“我们统计的只是平安返回的轰炸机”。

教师：为什么沃德教授得出了这样的结论，他的结论正确吗？请大家在小组内讨论一分钟。

学生2：我们认为沃德教授的结论应该是正确的，那些被多次击中引擎的飞机已经坠毁，回不来了；而被多次击中机翼的飞机还能够飞回来。

教师：是的，后来军方采用了教授的建议，并且后来证实该决策是正确的，加强了对引擎部位的防护，每次战斗后飞机返回的比例得到了极大的提升。

教师：有时我们以为收集到的数据是完整的、全面的，而事实上能够进入数据收集领域的只是特定的事物，因此它反映的只是这些特定事物的情况。后来人们就把统计中的这种现象叫做幸存者偏差。你们能举一个类似的例子吗？

学生3：我想起了一个采访，说是记者在火车站采访候车的乘客，问大家买到火车票了吗，每个接受采访的人都说买到了，然后记者就说，看，大家都买到票了，春运期间买票难的问题解决了。

学生4：这个记者真糊涂，在火车站候车的人当然都是买到了票的呀，不然他才不会去候车呢！

教师：哈哈，希望同学们在今天的学习后能不那么容易在生活中犯糊涂。

【**批判性思维培养说明：**幸存者偏差是样本偏差中比较容易忽略的一种情况，在鉴别这一典型案例的过程中，学生能够更深刻地理解准确评估信息的重要性。】

三、概率问题

教师：刚才我们讨论了许多与统计有关的生活问题。关于概率方面的问题大家有没有什么疑问呢？

学生1：我想知道双色球中一等奖的概率有多大。

学生2：我想知道双色球中奖号码到底有没有规律。

1. 中奖号码有规律吗？

教师：在讨论双色球中奖号码有没有规律之前，我们先聊一聊比较简单的“单双”问题。我们知道骰子上的6个面分别是1—6这6个点数。掷出单数或双数的可能性是？

学生：一样的。

教师：假设两个人玩掷骰子游戏，已经连续掷出了5次单数，你认为下一次掷出单数还是双数的可能性大？

学生1：一样大啊，不管前面掷出的是什么，下一次还是单、双都有可能。

教师：有同学有疑问吗？

学生2：我有点不敢确定，前面都掷出5次单数了，会不会下一次双数的可能性大？

教师：谁能解答他的疑问？

学生3：骰子又不知道它已经掷出5次单数了，下一次掷的时候还是看运气啊，滚动到什么朝上就什么朝上。

学生4：就是说每一次掷出什么跟之前的事情没关系。

学生2：我明白了，就是说每一次掷骰子，单双的可能性都是一样大的。

教师：好，掷骰子的问题解决了。双色球跟掷骰子比，只是数字多一点，那么它每一次摇出什么数字，有没有规律？

学生5：明白了，每一次双色球摇号都是看运气，摇到什么号码就是什么号码，跟之前摇出了哪些号码是没有关系的，所以它不可能存在什么规律。

教师：是的，所以如果家里面有长辈沉迷研究双色球的中奖规律，咱们可以想办法让他明白这个道理。

【**批判性思维培养说明：**真正理解随机事件的随机性是不容易的，在这个环节中，从对掷骰子出现单双是否有规律入手，帮助学生逐渐理解双色球号码的出现也是随机的，是不可能存在规律的，帮助学生逐渐深刻理解随机现象。】

2. 中奖概率有多大？

PPT 出示福利彩票双色球的中奖规则。

福利彩票双色球的中奖规则：在 33 个红球和 16 个蓝球中选择 6 个红球号码和 1 个蓝球号码，全对的话就能中一等奖，奖金约为 500 万—1000 万元。

教师：根据这个中奖规则，你觉得买双色球彩票中一等奖的概率大吗？

学生 1：我觉得这个概率很小，33 个红球里面选 6 个，16 个蓝球里面选 1 个，全部选对太难了。

教师：你们认为 16 个蓝球里面选 1 个，选对的概率有多大？

学生 2：$\frac{1}{16}$。

教师：那 33 个红球里面选 6 个，选对的概率又有多大？

教师：大家都不会算了吧？

教师：这和我们以前学过的“组合”的知识有关。如果有 5 个写有 1—5 的号码球，从里面任选 2 个号码，有多少种组合？请大家在纸上写一写。

学生 3：有 10 种，4+3+2+1=10。

教师：这样的话，选对的可能性就是？

学生 4：选对的可能性就是十分之一。

教师：如果有 6 个写有 1—6 的号码球，从里面任选 3 个号码，有多少种组合？请同学们独立思考后小组交流。

（学生交流讨论后得出结论。）

学生 1：有 20 种。

教师：这样的话，选对的可能性有多大呢？

学生2：只有二十分之一了。

教师：像这样的组合问题，数学家给出了一个计算公式。33选6有多少种组合呢？是（33×32×31×30×29×28）÷（6×5×4×3×2×1）。33选6要想全部选对的概率就是$\frac{1}{(33\times32\times31\times30\times29\times28)\div(6\times5\times4\times3\times2\times1)}$。双色球要想中一等奖，还需要在16个蓝球里面选对一个，因此它的中奖概率还要用刚才这个分数乘$\frac{1}{16}$。

教师：有人计算过，这个概率大约是0.0000000564，就是$\frac{5.64}{100000000}$，比我们出门遇到一次交通事故的概率低得多。

学生3：难怪我身边没有一个买双色球彩票中大奖的。

教师：所以花点小钱买彩票碰碰运气，顺便为福利事业做点贡献还是可以的，沉迷于此就大可不必了。

四、全课总结

教师：通过今天的学习，你们有什么收获？

学生1：我的收获是统计很有用，但是要用统计知识解决生活中的问题并不容易，要注意防范一些错误。

学生2：我的收获是知道了买彩票不是什么明智的事情。

教师：相信同学们通过今后进一步的学习，会变得越来越聪明！

第 8 章　基于“提问训练”教学的“质疑—论辩”技能培养

8.1　“提问训练”教学与批判性思维中的“质疑—论辩”技能

课改进行至今，在数学课堂上培养学生“发现问题”和“提出问题”的能力早已成为大家的共识，“提问训练”也成为贯穿小学数学课堂教学的必要内容。本章中的“提问训练”教学，包括为提升学生的提问能力而专门开设的“提问训练”课，是常态化的数学课堂中与“发现问题”和“提出问题”相关的教学。

本章将要探讨的问题是，在“提问训练”教学的基础上，如何培养和发展学生的“质疑—论辩”技能。

8.1.1　“质疑—论辩”技能的内涵

“质疑”一词在《现代汉语词典（第 7 版）》中的解释是“提出疑问”。“质”在这个词语中有“询问、责问”之意。在中小学教学中，有人认为“质疑素质包含两方面意思：其一是敢于怀疑权威（包括教师和书本知识），敢于向他们挑战的精神；其二是善于发现和提出问题的能力”[①]。也有人提出，“质疑能力是指学生能顺利地提出有价值的问题的个体心理特征”[②]。结合上述论述，我们能够得出这样的结论，“质疑”既需要具备敢于挑战的精神，也需要具备能够发现问题和提出问题的能力。

“论辩”一词在《现代汉语词典（第 7 版）》中的解释是“辩论”，也就是“彼此用一定的理由来说明自己对事物或问题的见解，揭露对方的矛盾，以便最后得到正

① 肖钰士 . 论中小学教学中质疑素质的培养 [J]. 教育探索，2002（6）：18-20.

② 廖德才，张品红 . 创新学习与质疑能力的培养 [J]. 四川教育学院学报，2001（10）：6.

确的认识或共同的意见”。从这个解释中我们能够看出，论辩是双方或多方以得到正确的认识或共同的意见为目的的交流，在交流的过程中，交流各方一方面用一定的理由来说明自己对事物或问题的见解，另一方面发现对方理由或见解中的问题或矛盾，并提出质疑，在这样不断交锋的过程中，达成共识。显然，论辩离不开质疑，论辩必须在互相质疑中逐渐深入，没有质疑的论辩只不过是自说自话，毫无意义和价值。

要简洁地概括什么是批判性思维中的“质疑—论辩”技能是比较困难的。但可以明确的是，要具备批判性思维首先应当具备提出和回答关键问题的能力；只有学会找出观点中的“论题和结论是什么”才能够准确地理解他人和表达自我；只有找准支撑结论的“理由是什么”才能判定一个结论的价值；要理清结论背后是否还隐藏着“价值观假设和描述性假设”，进而分析“推理过程中有没有谬误”“证据的效力如何”“有没有替代原因”等等，最后才能判断“能得出哪些合理的结论”。[①] 显然，批判性思维意味着要从各个方面对自己和他人的观点不断质疑。而论辩在某种程度上就是论辩各方相互不断质疑的过程。

那么，综合上面的分析，作为批判性思维技能的“质疑—论辩”究竟是什么呢？

基于批判性思维对开放、求真、公正等思维品格的追求，批判性思维中的“质疑—论辩”技能是指在发现和提出关键问题的基础上，能够在公正、求真的态度下清晰准确地表达观点和理解他人的观点，用确切的证据符合逻辑地推导结论或反驳观点，在互相质疑中逐渐深入而全面地理解事物，最终达成共识得出结论的能力。

8.1.2 “质疑—论辩”技能的关键要素

鉴于学生的思维水平，小学数学课堂中的“质疑—论辩”当然很难做到十分严谨，但它有着自己鲜明的特色和目的。将“质疑—论辩”落实到小学数学课堂中，意味着学生要通过与同伴互相交流，在质疑他人的观点、为自己的方法辩护的过程中，达到建立数学结构、促进数学理解的目的。

在上述过程中，学生需要听懂他人的陈述，并且能够发现陈述中的问题、提出质疑，还要能够有理有据地阐述自己的观点，使得大家的理解逐渐明晰。因此，小学数学课堂教学中的“质疑—论辩”技能，包括提问能力、说理能力、理解能力等三个关键要素。

① 布朗，基利．学会提问 [M]. 吴礼敬，译．北京：机械工业出版社，2016.

◆**提问能力**

获取答案不能促进思维的发展，真正能促进思考的是问题。批判性思维者最重要的思考习惯就是“发现并提出问题”。同样地，在“质疑—论辩”技能中，“提问能力”是非常重要的一个要素。

一方面，提出问题有助于学生理清任务的要求，并了解需要解决的问题；另一方面，当已有的答案更进一步地催生出问题时，思维就能够得以继续发展。在某种程度上，问题的质量决定着人们思维的质量。

希尔弗（Silver）指出，问题的提出涉及两方面的活动：一是从情境或经验中创造出新的问题；二是对已给的问题重新做出阐述或是构想出新的问题，并且这些问题可以发生在问题解决之前、问题解决之中、甚至是问题解决之后。① 这是从问题提出的过程来界定提问能力。

也有学者从数学活动的本质出发，探究数学学科核心能力的内涵，将从数学角度提出问题的能力界定为“能够根据给定的某个情境或者问题产生新的问题，或伴随着问题解决的过程能产生子问题，并且会用数学语言表达出这些新的问题”。②

以上阐述显然倾向于描述学生在独立思考状态下的提问能力，“质疑—论辩”当然需要独立思考，但它更多地是一个动态交互的过程。这种情况下的提问，既包含了对情境或问题本身产生新的问题，也包含了在问题解决过程中产生的子问题，还包含了论辩过程中随时对他人观点、方法的审辨与提问。

综上所述，作为“质疑—论辩”技能的关键要素之一的提问能力，是从发现问题到提出问题的过程，是指学生基于一定的情境，在情境中对各种渠道呈现的信息或观点进行观察、分析、思考后产生新的问题，并用恰当的语言表达出来的能力。因此，良好的提问能力，首先需要学生能够准确理解信息或观点，其次要能够主动进行分析和思考产生新的问题，最后才是恰当地用语言进行表达。

◆**说理能力**

“论辩”的精髓在于说理。当论辩双方提出各自的观点时，我们都希望对方能够给出观点背后的理由。任何情况下，没有理由支撑的结论都是没有价值的。因此良好

① SLIVER E A.On Mathematical problem Posing [J].For the Leanring of Mathematics,1994，14（1）：19-28.

② 徐斌艳 . 数学学科核心能力研究 [J]. 全球教育展望，2013，42（6）：67-74.

的说理能力意味着学生应当具备表达观点要有理有据的意识，也就是认识到得出一个结论需要恰当的理由支撑。

但具备表达观点要有理有据的意识并不意味着就具备了说理的能力。有时人们会把个人倾向、直觉作为理由，有时也会将一些不相关的事情作为理由。知道什么样的理由才能支撑观点，并能够寻找或选择恰当的依据支撑自己的观点，是说理能力的一个重要组成部分。一般而言，能够支撑观点的证据是指证据和结论之间具有清晰的逻辑关系，即寻找到的证据能够通过归纳、类比、演绎或是反证等恰当的方式进行推断，合理地推出结论。最后，无论是口头还是书面的说理，都需要我们能够准确、清晰、流畅地表达整个说理的过程，否则就达不到沟通交流的目的。

数学课堂中的说理主要集中在“做出数学解释”，即运用数学的原理和图示，有见地、合理地说明事件、方法和观点。数学解释包括各种数学说理的方法，即计算、画图、列表、运用数学概念说理、归纳推理、演绎推理、反证等。

“做出数学解释”是数学课堂交流的重要环节。面对一个数学问题，学生需要给出观点，并解释自己的观点，如“是怎么算的，为什么这么算”“结论是什么，怎样得出这个结论的”；当自己的观点受到质疑时，学生需要为观点辩护，也就是根据质疑的问题，做出更进一步的解释；当理由不够充分时，学生就需要反思原来的方法和观点，重构自己的理解。

数学课堂中的“说理”一方面能够使数学思考走向深入，是数学深度学习的重要支撑；另一方面数学说理要求有理有据，阐述有条理，结论符合数学的逻辑，因而也就促使学生通过数学学会了说理。

◆理解能力

理解是信息接收者对信息发出者发出的信息进行解码的过程，是人际交往中进行沟通的重要环节。在任何沟通情境下，我们都需要理解他人的观点。而在“质疑—论辩”情境中，对于相互之间的理解程度的要求更高，即应达到“深度理解”。“深度理解是指能够正确理解沟通对象以言语、文字及其他多种形式传递的信息，以及在此基础上对信息进行反思和评价，同时又能够对自己的理解进行监控的能力。”① 深度理解所要求的对信息进行反思和评价，对自己的理解进行监控，正是基于批判性思维的“质疑—论辩”技能。因此，深度理解是“质疑—论辩”得以深入进行的基础，是有效沟通、

① 刘坚，魏锐，郑彦，等 . 5C 核心素养：教育创新指南针 [M]. 北京：教育科学出版社，2021：151.

达成共识的前提。

在学习研究领域，现代认知心理学认为理解建立在学习者对信息的传输与编码的基础上，学习者根据自己的已有经验和认知结构，主动建构心理表征进而获得心理意义，在此过程中原有知识与新的外界刺激相互作用，发生了意义同化。①

综上所述，数学课堂中的“质疑—论辩”，需要学生深刻理解他人的观点，对其进行反思和评价（判断他人的观点和方法是否正确、有无遗漏），对自己的理解进行监控（重构自己的理解），在这个过程中原有认识与新的外界刺激相互作用，从而获得认识的提升并达到对数学问题的深刻理解。

显然，“质疑—论辩”中的理解是双向的，既包括对他人观点的理解，也包括自己对问题的理解。数学课堂上的“质疑—论辩”中对数学问题的理解也是如此，通过理解他人的观点反思自己的数学理解，基于自己的数学理解批判他人的数学理解。

数学课堂上对数学问题的理解有多种呈现方式：陈述知识、验证结论、合情推断、说明理由、举例、识别错误、归纳总结、应用概念、揭示联系、建立模型、转化、多种方式阐述同一问题等等。在“质疑—论辩”的过程中，学生正是通过上述方式呈现自己对数学问题的理解，在交流的过程中理解各自的观点，领会观点中涉及的概念间的联系与逻辑关系，在反思与评价中达成共识，建立结构。

8.1.3 “质疑—论辩”技能的水平层次

参考美国学者 Kimberly Hufferd 等人在研究建立高效对话的学习共同体相关影响因素研究中，通过分析 68 节师生对话录像后所确立的对话共同体水平层次分析框架②，我们可以对“质疑—论辩”技能的水平层次做初步的划分（见表 9–1）。

表 9–1 “质疑—辩论”技能水平层次

水平层次	提问能力	说理能力	理解能力
水平 0	无论是对教师还是同伴都不提问	没有自己的答案	完全不关心他人的观点

① 李新成．现代认知心理学关于理解过程的研究 [J]. 教育理论与实践，1997（2）：46–50.

② Kimerly Hufferd–Ackles,Karen C.Fuson,and Miriam Gamoran Sherin.Describing Levels and Compinents of a Math–Talk Learning Communit..Journal of Research in Mathematics Education. p90–91.

（续表）

水平层次	提问能力	说理能力	理解能力
水平 1	能够在教师的要求下提问，但是只会模仿他人的提问，或提问的目的只是得出答案	仅仅能够给出答案	只关心他人的答案是否和自己一致，完全不关心他人得出观点的过程和背后的理由
水平 2	能够对教师或同伴提问，提问的目的也包括获取解题过程、步骤	给出答案后在教师或同伴的追问下能够给出关于思维过程的信息，给出的信息只是简单描述步骤，不会说理	在教师要求的情况下能够倾听他人的思维过程，但很难抓住重点，做判断时仅仅依靠部分细节
水平 3	开始为了理解提问，但是提问不具有连续性，不会追问	能够主动描述思考的步骤，在教师或同伴的追问下能够对自己的方法或观点做出某一方面的解释	能够主动倾听他人的思维过程，能用自己的话重复他人的观点，发现他人观点与自己观点之间的异同，但不会反思自己的方法或结论
水平 4	能够为了真正理解而不懈追问，出现很多“为什么”等需要推理证明或深刻理解才能解释的问题	能够比较清晰地描述思考的步骤，会为自己的观点提供比较详细的论证	通过倾听来了解，然后自发地理解或通过追问澄清他人的方法或思想，能根据同学的质疑重新反思自己的方法或结论，获得更深刻的数学理解

上述水平层次的划分，一方面是对学生个人“质疑—论辩”技能水平的划分，呈现了学生“质疑—论辩”技能水平培养的路径；另一方面也是数学课堂学习共同体建设水平的体现，越是以学生为中心、以教师为合作者的课堂，具备较高“质疑—论辩”技能水平的学生就越多。

8.2 “质疑—论辩”技能的培养策略

显然，“质疑—论辩”技能的培养首先需要开放包容、平等对话的课堂文化，需要在班集体中建立以学生学习为中心的学习共同体。关于这些问题，本书中的第 3 章已经做了较为详细的论述。因此，接下来我们将仅基于“质疑—论辩”技能的关键要素，分别阐述其培养策略。

8.2.1 提问能力的培养

关于提问能力的培养，我们在《学会思考——小学数学教师批判性思维教程》一书中曾提出过5个教学策略，分别是：（1）教师设问诱导学生提问；（2）用学生疑惑引发学生提问；（3）提供“半开放化”的结构式任务（情境）；（4）开展专门的“提问”训练；（5）培养学生批判性提问①。作为一般化的提问能力培养，这些策略都是必要且有效的。但具体到“质疑—论辩”技能要素的提问能力的培养，我们仍有必要提出更具针对性的策略。

◆独立思考，发现问题

独立思考，发现问题，是指培养学生独立思考、充满好奇心和具有开放性的思维倾向，从而能够随时随地多方面地发现问题和提出问题。

一方面我们可以在呈现数学情境等各类数学信息的时候，训练学生独立思考，提出问题。基于数学情境或信息的提问，已有相当多的研究成果。希尔弗和蔡金法在2005年提出的问题提出评价框架中指出，可以从问题的数量、新颖性、复杂度三个维度评价学生的数学问题提出能力。②

因此，在呈现数学信息进行提问时，我们可以从以下几个方面对学生进行提问训练。首先是鼓励学生多提问题。课堂上可以将学生提出的问题板书在黑板上，让学生感受到老师对自己所提问题的重视，从而激励更多学生提问。其次是鼓励学生多提新颖、复杂的问题。当学生踊跃提问的学习氛围形成后，教师还可以要求学生提出和别人不一样的问题，这样就能够促使学生从不同的角度去思考，提出具有一定新颖性或复杂度的问题。尤其在统计图表的学习中，常有根据获取的信息提问并解答的练习，教师万不可为了解答的正确，要求学生尽量提简单问题，从而错失了培养提问能力的良机。

另一方面，更为重要的是，我们还应当在数学课堂教学的各个环节鼓励学生独立思考，发现问题。这里的各个环节，是指课堂中的任意时间和全部空间。在呈现数学信息的时候，可以对信息中不明确、不理解的内容提问；在教师讲解的时候、同学发

① 陈晓燕，于芳. 学会思考：小学数学教师批判性思维教程 [M]. 长春：吉林大学出版社，2019：234-242.

② SLIVER，E A，Cai，J. Assessing Students, Mathematical Problem Posing[J]. Teaching Children Mathematics，2005,12（3）：129-135.

表观点的时候，可以对自己不理解或不赞同的地方提问；在小组交流的时候，同伴之间可以互相提问；在问题解决之后，可以由此及彼提出更多值得研究的问题。这样随时随地发现问题和提出问题，意味着学生需要用心地倾听，主动地思考，更意味着学生具有追根究底的品格。

◆追求理解，刨根问底

“独立思考，发现问题”的提问训练在提问的内容上其实已经包括了“追求理解，刨根问底”，但“独立思考，发现问题”的提问训练，主要指向的是提问的时间和空间，是一种随时随地都应该质疑批判的意识。

追求数学理解的提问训练是指在数学学习过程中，引导学生提出指向数学理解的问题。这一策略，主要指向提问的内容。数学理解的本质是建立数学的结构，理解数学的原理。指向数学理解的问题包括但不限于“是什么”“为什么”“有什么联系”“有什么区别”“有什么共同点”等。

培养学生提出这一类问题的能力与其说是提问训练，毋宁说是一种思维训练。也就是说，能够提出这类问题，需要学生不满足于了解现象或结论，而是具有刨根问底的思维习惯。因此，这首先要求教师要从数学理解的角度开展教学，让数学课堂成为讲道理的地方，让数学学习成为结构化的生长；然后才是鼓励学生遇到问题要从数学原理、数学联系等方面思考和质疑。

◆抓住契机，引导辩论

基于观点辩论的提问训练，是指在讨论数学问题，发生观点碰撞，师生、生生之间进行辩论时的提问训练。特别提出这一策略是因为观点辩论的场景在当下的小学数学课堂教学中并不常有，因此需要教师抓住学生观点冲突契机，引导学生开展辩论，学会在观点交流的过程中互相质疑。

首先教师在课堂上要保持克制，即在学生的观点不完善或者错误的情况下应把补充或纠正的机会留给学生，相信学生能够通过“质疑—论辩”完善观点，解决问题。事实证明，很多老师缺乏这种意识，遇到学生发表的意见不大正确的时候，平时的常态课可能就自己亲自出马，阐述释疑；公开课上就不置可否，另请学生回答，直到获得正确答案。

其次，由于学生缺少课堂上辩论的经验，因此教师在保持克制的情况下也需要对学生给予一定的指导和提示。例如可以在某个学生发表观点后询问其他学生，“你们听懂他的意思了吗？”然后再提醒学生“对他的说法，你们有没有问题？”如果学生没有听懂他人的观点，教师也可以提醒学生“你可以问一下你没听明白的地方是什么意思”“你可以让他解释一下为什么可以这样”。这样学生既能够逐步掌握辩论中提问的方法，也能够逐渐成长为课堂学习的主人。

8.2.2 说理能力的培养

数学课堂上的说理能力主要是用数学语言表达思维过程、阐释数学原理的能力，这体现了说理应有理有据，要使说理清晰还需要阐述有条理，结论符合数学的逻辑推理。因此，数学课堂中培养说理能力可以从有理有据、逻辑清晰、表达顺畅三个方面入手。

◆**有理有据**

小学阶段学生的思维水平以具体直观的形象思维为主，学生做出数学解释往往需要依托具体直观的学习工具。计算教学中，需要摆小棒来辅助说理；图形教学中，需要画图辅助说理；解决问题教学中，需要用直观图、线段图辅助说理。

因此，要想让说理有理有据，首先我们需要为学生提供说理材料的支撑。例如为了帮助学生理解“为什么交换两个加数的位置，和不变？”教师可以为学生提供小棒和计数器等学具，让学生操作学具后思考这个问题。

但需要注意的是，“许多研究表明，简单地通过操纵具体材料，学生不会发现或理解数学概念。教师常常会高估了实物操作的价值，因为作为成人，他们是能够‘明白’所呈现的数学概念或过程的，但是儿童不具有这种‘成人的眼睛’。”[①] 因此数学教师需要在操作材料的过程中不断地介入，或者在操作活动前给予足够的提示，帮助学生集中注意潜在的数学思想，帮助学生建立从用实物进行的工作与相应的数学问题背后的原理之间的联系。

回到加法交换律这个案例，教师可以在学生操作小棒时提醒学生要做一个怎样的动作才能表示出是加法呢？然后在学生将两堆小棒合拢后请学生结合加法的意义进行思考。这样学生就能很好地领悟并解释：“因为不管怎么交换加数的位置，都是把这两个数合在一起，因此结果也不会变”。

除了提供学具，教学中我们还可以引导学生用画直观图、线段图、列表、计算、

① 鲍建生，周超．数学学习的心理基础与过程［M］．上海：上海教育出版社．2009：114.

根据概念阐述原理等方式进行说理。这些说理的方法都可以在平时的教学中逐渐学习和掌握。

需要注意的是，培养学生说理有理有据最重要的不是这些说理的方法，而是下结论要有依据的意识，而这种意识的培养离不开教师平时教学中潜移默化的影响。因此教师在教学中就需要形成下结论要有依据的思维习惯，并引导学生也逐步具备这样的思维习惯。

◆逻辑清晰

培养学生逻辑清晰地表达，首先可以针对不同的学习内容提出不同的要求。

例如陈述性知识、程序性知识、原理性知识在表达上可以有所侧重。陈述性知识的本质是“是什么”，我们就可以要求学生尽量说准确、说全面、说清楚。程序性知识是操作或技能性的知识，就应当要求学生按照“先怎样、再怎样、然后怎样”的顺序表达。原理性知识则需要用“因为……所以我的结论是……”这样的句式表达。在需要阐述理由时，也可以引导学生先亮出观点，再陈述理由。比如“我认为这句话是错的，因为质数中也有一个偶数 2，偶数加奇数的和是奇数，因此不能说两个质数相加和一定是偶数。”

其次是让学生通过归纳分类、逻辑排列等方式使表达有清晰的逻辑。

例如学生在一些“先独立思考再汇总方法”的学习活动中往往需要汇报小组的学习情况。这时教师可以引导学生在小组内将方法汇总后进行归纳分类。具体的分类方法教师要有明确的指引，让学生有一个明确的分类标准。例如举例验证运算规律，可以按整数、小数、分数分类，如果学生举的例子都是整数也可以按两位数、三位数、四位数进行分类。在进行了归纳和分类之后，如果有必要，还可以引导学生对观点进行合理的排列，排列的方法包括：按重要性排列，按因果关系排列，按结构排列等。

最后，当学生在表达观点时掺杂了太多无关信息时，教师要及时制止，引导学生整理好思路，这也有利于学生逻辑清晰地表达。

◆表达流畅

帮助学生流畅地表达自己的观点，在课堂中可以从两个方面入手。一是让学生想清楚再讲，二是让学生先试着讲一讲。

让学生想清楚再讲，就是课堂上教师要有足够的耐心，提出一个问题后应当让学生有充分的思考时间，理清楚了问题，想好了表达的方式和顺序，再请学生进行表达。

让学生先试着讲，就是在学生思考之后，让学生先在小组内互相说一说，这个说的过程，既是表达的过程，也是互相交流和改进表达的过程。小组内说完之后，学生再来讲，往往能够比较流畅地说出自己的观点。

总之，教师应鼓励学生用自己喜欢的形式表达思维过程和想法，并且及时给予展示和肯定，让学生在主动思考和表达的过程中享受数学学习的乐趣，从而逐渐增强说理能力。

需要注意的是，当教师过于重视说理的规范性与准确度时，学生的表达就很难得到教师的肯定，长此以往，学生会逐渐丧失表达的欲望。因此在教学中，我们应当把鼓励学生表达放在说理能力培养的首位，不要将说理的规范性、准确度看得太重。

8.2.3 理解能力的培养

具备理解数学观点的能力意味着能够倾听并理解他人的观点和方法，对他人的观点和方法做出某些分析和判断，并且在这个过程中重构自己的理解。

◆用心倾听，提炼观点

显然，理解数学观点首先需要学会倾听。倾听不是简单地“认真听”，“质疑—论辩”技能中的倾听，需要准确理解发言者的语义，提炼出发言者的主要观点和方法。

培养这样的倾听习惯主要的方法就是请学生用自己的语言转述他人的观点。例如“刚才他说的话你们听懂了吗？谁能说说他是什么意思？”或者“他刚才是用什么办法来解决这个问题的？谁能用自己的话再说一遍？”用自己的话转述他人的观点，需要学生先听懂别人在说什么，然后再用自己的话概括主要观点。这个过程，一方面能够促使学生理解他人，另一方面也能够帮助学生观照自己。

◆对比分析，反思重构

理解了别人在说什么，学生才能进一步思考别人的观点和自己的观点有什么异同，才能据此引发基于对话的观点表达。接下来的表达无论是反对，是补充，还是赞同，都远远优于这样的课堂景观：每一个学生都想发言，每个人的发言都是说给老师听，没人在乎其他同学说了什么。

当学生在互相理解的基础上，充分表达了观点之后，对话的重点就转移到了对比分析上。此时应当讨论的问题包括：这些观点有什么相同的地方，有什么不同的地方？如果要给他们分类，可以分成几类？这些观点之间有什么关系？这些问题的讨论，让学生又经历一次观点的倾听和提炼，同时，通过主动的对比和分析，也对自己原有的观点进行了反思和重构，从而形成对问题新的、更具结构化的认识。

数学课堂中培养学生的“质疑—论辩”技能显然不仅仅是为了让学生能够在数学课堂上“质疑—论辩”。我们相信当学生在数学课堂中具备了“质疑—论辩”的良好能力，他们同样能够在其他情境下去质疑、论辩、批判、反思，从而通过数学学习成为独立思考、敢于质疑、敢于挑战的时代新人。

8.3 课例 1：有余数的除法

一、课前思考

“有余数的除法”是在学生已经初步认识了“平均分”，掌握了表内除法的基础上进行学习的，是表内除法知识的延伸与拓展。平均分物有两种情况，一种是“恰好平均分完没有剩余”的情况，一种是“平均分后有剩余（即余数不为 0）”的情况，学生还是第一次认识后一种情况，他们对有余数除法意义的理解处在什么水平呢？笔者在课前对两个班共 81 名学生进行了前测。

前测题如下：

把下面的○，每 3 个分一份，你是怎样想的，在下面画一画。

○○○○○○○○○○○

你能用算式来表示分的过程和结果吗？试一试。

通过整理、分析学生完成的前测题，并采用 SOLO 分类理论对学生的学习表现进行水平分析，学生对有余数的除法含义理解的不同水平层次由低到高划分为 4 个层次，分析如下表：

水平层次	内容要素	具体描述	百分比	人数
水平 1	直观感知	能画图表示分的过程，不能用算式表示分的结果	10%	8
水平 2	能画图表示分的过程，但认为不能用除法来表示	能通过画图表示分的过程，用连加、连减或乘加算式表示分的过程和结果，认为不能用除法来表示	63%	51
水平 3	能列出有余数除法的算式，但只知其形，不知其意	列出有余数除法的算式，会进行计算，但不理解有余数除法算式表示的意义	15%	12
水平 4	能理解有余数除法的意义	列出有余数除法的算式，并能用语言准确地描述有余数除法算式的意义，知道有余数除法算式与图意的关系	12%	10

通过水平分析，可以清晰地看出处在水平 2 的同学居多，占 63%，他们对平均分后有剩余的情况提出了这样的疑问："是在进行平均分吗？为什么多了 1 个？可以把多的 1 个先去掉吗？ 10 好像不能除以 3，因为没有一句口诀能计算。"而水平 4 的学生则认为可以用除法计算，他们已经认识到只要每份分得同样多，不管有没有剩余都是在平均分。因此，在这节课中，我将尊重学生的不同水平层次，正视学生的学习困惑，创设民主的课堂氛围，鼓励学生提出自己的问题，驱动不同层次的学生聚焦有余数除法的意义本质，进行质疑论辩。

二、教学实践

教学片段 1：提出疑问，交流辩论

1. 提出疑问

教师：六一节到了，小黄人兄弟收到了 4 个棒棒糖，5 个冰墩墩钥匙扣的礼物。你们能帮他们分一分礼物吗？跟同桌说说你的想法。

学生 1：棒棒糖可以每人分 2 个。

学生 2：冰墩墩钥匙扣怎么分好呢？总会一个人分 2 个，另一个人分 3 个。

2. 交流辩论

教师：5 个冰墩墩钥匙扣怎么平均分给 2 个人呢？

学生 1：可以每人分 2 个，剩下 1 个。

学生 2：不能这样分的，因为还有剩余的。

教师：噢，看来意见不统一，你们赞成谁的想法？在小组里说一说你们的理由。

（学生通过激烈的小组讨论后，全班进行交流辩论。）

学生 3：我认为不能每人分 2 个，因为还剩下了 1 个。

学生 4：我们不这么认为，因为只要每人分得同样多就可以了，不管有没有剩余的。

学生 5：对呀，因为平均分指的就是每人分得同样多啊！现在每人都是 2 个，分得都是一样多的。

教师：真好，大家都有不同的思考，你们能结合生活中的例子具体说说你们的理由吗？

学生 6：比如我和妹妹分糖果的时候，妈妈每次给我们分的都是一样多的，虽然有时刚好分完，有时没分完，但是我们俩都觉得很公平！

教师：刚才反对的同学现在同意他们的想法了吗？

学生 2：嗯，我们觉得他们说的挺有道理的，虽然剩下了 1 个，但是分的部分每人是分得同样多的。

学生 3：我同意他们的想法，不管有没有剩余，只要保证每人分得同样多就是在进行平均分。

【**批判性思维培养说明：**批判性思维者最重要的思考习惯是“发现并提出问题”，通过创设平均分的两种情况的情境，聚焦“5 个冰墩墩钥匙扣怎么平均分给 2 个人”的问题。学生在解决问题时出现了两种不同的看法，教师抓住契机，让双方进行交流辩论，培养学生自我反思、自我批判的能力。】

教学片段 2：交流思辨，理解含义

教师：接下来我们跟小黄人一起来摆一摆草莓。

1. 动手操作，初步感知含义

把下面的这些草莓每 3 个摆一盘，摆一摆。

（1）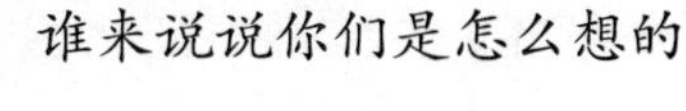（2）

学生通过读题明要求，动手操作摆一摆。

教师：谁来说说你们是怎么想的？

学生 1：左边的 6 个草莓，每 3 个摆一盘，刚好摆了 2 盘。

学生 2：右边的 7 个草莓我也是 3 个 3 个地摆，也摆了 2 盘，但是还剩一个。

2. 尝试列式，交流说理

（1）能列出算式表示左边分草莓的过程和结果吗？试一试。

学生 1：6 ÷ 3=2（盘）

学生 2：6−3−3=0（个）

教师：你们能看懂这两位同学的想法吗?

学生 3：因为每 3 个摆一盘，所以就是求 6 里面有几个 3，用除法计算。

学生 4：用减法也可以，看看减了几个 3 就知道可以摆几盘了。

（2）你还能列出算式表示右边分草莓的过程和结果吗？试一试。

①学生独立尝试

②小组交流

四人小组互相看一看，说一说你是怎样想的。听不明白、看不懂时可以提出你的疑问。

③全班交流

教师：你们是怎样想？想法没有对与错，每个人的想法都很有价值，谁来试着说说你是怎样想的。

学生分享不同的想法如下：

1. 2 × 3+1=7
2. 7−1=6，6 ÷ 3=2
3. 7−3−3=1
4. 7 ÷ 3
5. 7 ÷ 3=2 剩 1
6. 7 ÷ 3=2……1

教师：你们能看懂他们写的算式吗？或有什么疑问吗?

学生 1：我看懂了第一个算式是把草莓摆了 2 盘，每盘摆 3 个，加上剩下的 1 个刚好是 7 个。

学生 2：我有疑问，第二个算式为什么要先用 7−1 呢？我有点看不明白。

学生 3：是因为 7 个草莓比 6 个多了 1 个，所以先用 7 去掉 1 是 6，就能用刚才的 6 ÷ 3=2 啦。

…………

3. 质疑论辩：平均分后有剩余时，能否列除法算式

教师：你们还有什么疑问吗？

学生 4：怎么能用除法 7÷3 来计算呢？

教师：哦，看来有的同学认为能列除法计算，有的则认为不能，你们认为呢？下面小组进行交流讨论，说说你们的理由！

学生 2：我认为不能用除法计算，因为在我们的乘法口诀里都没有“几三得七”的。

学生 3：是啊，7÷3 这样写我们都不知道怎么算啦！

学生 5：我觉得可以用除法，因为把 6 个草莓进行平均分时能用除法计算，所以分 7 个草莓应该也可以。

教师：那我们一起回过头来看看，摆 6 个草莓和摆 7 个草莓有什么相同和不同之处？小组讨论 1 分钟。

学生 5：我们发现不管是摆 6 个草莓，还是摆 7 个草莓，每盘都是摆 3 个。

学生 6：我还发现它们都摆了 2 盘，只是摆 7 个的时候摆了 2 盘还剩下 1 个。

学生 7：它们的减法算式也是一样的。都是用总数一次一次地减 3，只是 6 减了 2 个 3 就减完了，而 7 减了 2 个 3 还剩下 1。

学生 8：我也同意，因为左边求的是 6 里面有几个 3，右边求的是 7 里面有几个 3，只不过左边的刚好摆了两盘，右边的摆了两盘还剩下 1 个。所以都可以用除法计算。

教师：我要采访下刚才认为不能用除法计算的同学现在是怎么想的？

学生2：嗯，我有点明白了，不管是摆7个草莓还是摆6个草莓，每盘摆的都是同样多的，都是求它们分别有几个3，所以都能用除法计算。

【**批判性思维培养说明：**批判性思维需要学生对自己和他人的观点进行质疑和论辩。通过创设开放的问题情境，鼓励学生用算式表示 7 个草莓，每 3 个摆一盘的过程与结果。学生基于自己的起点用不同的方法解决问题，为全班的质疑论辩作好了铺垫。通过问题 “你们能看懂他们写的算式吗？或有什么疑问吗？” 驱动学生的思考，使学生在交流中自发地理解他人或追问澄清他人的想法，随时对他人的观点、方法进行审辨与提问。】

教学片段 3：提问说理，理解余数的含义

1. 观察除法算式，你们还有什么问题吗？

7 ÷ 3

7 ÷ 3=2 剩 1

7 ÷ 3=2……1

学生：7 ÷ 3 到底等于几，接着怎么写呢？

教师：同学们结合图，试着说说你的想法。

学生 1：（指着图），因为有 7 个草莓，每盘摆 3 个，摆了 2 盘，还剩下 1 个，所以就可以用 7 ÷ 3=2 剩 1 啦。

学生 2：如果每次有剩下的都要写个“剩”有点麻烦，用“……”简单些。

教师：没错，数学讲究简洁美，我们可以用“……”来表示平均分后有剩余。你们还有什么补充吗？

学生 1：要带上单位比较好，要不然就不知道到底摆了几盘，还剩下几个了。所以可以写成 7 ÷ 3=2（盘）……1（个）

2. 如果接着摆，结果又会怎样？

教师：如果有 8 个草莓呢？还是每盘分 3 个，结果又会怎样？

学生 1：那就是 8 ÷ 3=2（盘）……2（个）

教师：你们还有什么疑问吗？

学生 2：那如果有 9 个草莓呢？是不是就得到 2 盘余 3 个呢？

学生 3：好像是，当分 7 个的时候是 2 盘余 1 个，当分 8 个时是 2 盘余 2 个，依此类推，分 9 个应该就是 2 盘余 3 个。

学生 4：3 个不就又可以分一盘了吗？

学生 3：噢，是哦，因为每 3 个一盘，余下的不可能是 3，如果是 3 又可以分一盘了。

学生 5：那可以余下 4 个吗？

学生 6：更不可能，如果是 4 个的话又可以分多 1 盘还多 1 个了呢！所以余下的草莓要少于 3 个才行。

【批判性思维培养说明：伴随着问题解决的过程，学生对有余数除法的结果应该怎样写提出了自己的问题。学生借助图说理，逐步明晰余数表示的意义。同时，学生类比推理接着摆的结果，在阐释别人想法的基础上，比较质疑，初步感知余数要比除数小的道理。】

三、教后反思

1. 创设民主课堂文化，激发学生独立思考，积极提问

本节课通过创设尊重、民主的课堂文化，鼓励学生独立思考，从不同的角度发现问题，提出问题，解决问题。如在分冰墩墩时学生发现与已有的平均分经验相冲突时，提出了自己的困惑“如何把 5 个冰墩墩平均分给 2 个人呢？”，并由学生的问题引发全班的交流思考。同时，通过老师的引导，激发学生敢于在小组合作中提出问题，如当学生用不同的算式表示摆7个草莓的过程和结果后，引导学生“四人小组互相看一看，说一说你是怎样想的，其他同学听不明白、看不懂时可以提出你的疑问”，并鼓励学生“想法没有对与错，每个人的想法都很有价值，谁来试着说说你的想法，提出你的问题”。有了老师的引导与鼓励，每个学生都敢于在解决问题的过程中说出自己的想法，提出自己的问题，营造了一种探求数学本质的课堂文化氛围。

2. 抓住矛盾冲突，引导学生交流辩论

每个孩子是独一无二的，正因为孩子的起点不同，对同一问题的解决有不同的水平表现。在这节课中，以开放性的问题，激发不同层次的学生卷入课堂的思考，抓住学生观点冲突的契机，引导学生开展辩论。如在解决 7 个草莓，每 3 个摆一盘，怎样用算式表示分的过程与结果时，不同的学生列出了不同的算式，并通过问题激发学生提出自己的问题，如“你们能看懂他们写的算式吗？或有什么疑问吗？”，当有的学生认为能用除法计算，有的学生反对时，我没有对学生的想法做出评判或解释，而是抓住学生的冲突，再次通过问题驱动“当平均分后有剩余时到底能不能用除法计算呢？说说你们的理由？”引发不同观点的学生进行交流辩论，使学生在交流辩论的过程中，逐步理解有余数除法的意义。

3. 搭建脚手架，引导学生有理有据地表达想法

低年级学生的思维水平以具体直观的形象思维为主，学生做出数学解释往往需要老师搭建脚手架。在本节课中主要是通过引导学生借助图或举例子的方式来说理。如“5

个冰墩墩钥匙扣怎么分给2个人呢？你们可以举例子来说说你们的想法吗？”使学生通过举例子来解释自己的理由。又如“7÷3到底等于几，接着怎么写呢？你们可以结合图，试着说说你的想法”，帮助学生从图到式建立起联系，体会借助图或举例子来说理，不仅能让自己的理由说明白，还有助于听者听明白。

同时，学生在质疑论辩过程中，老师要适时地介入和引导，引导学生更好地聚焦数学本质来说理。如当平均分后有剩余时，能否用除法算式时，引导学生观察对比，摆6个和7个草莓的相同点和不同点，从而体会除法的数学本质。

8.4 课例2：数学广角——数与形

教学内容：《人教版义务教育教科书·数学》六年级上册P105例1。

教学目标：

1. 通过创设尊重、民主的课堂文化，激发学生大胆提问，敢于质疑，体会发现问题和提出问题的价值和意义。

2. 经历解决问题的过程，体会数与形的关系，感悟数形结合、推理的思想。

3. 通过层层递进的提问活动，使学生学会提问，培养学生发现问题、提出问题的能力。

教学过程：

一、尝试提问

教师：同学们，今天的数学课我们一起来研究怎样提问，争当提问小达人，开动小脑筋，大胆提出数学问题。

PPT展示：现在请你仔细观察下图，尽可能多地提出数学问题。试一试，把你想到的问题写在学习单上。

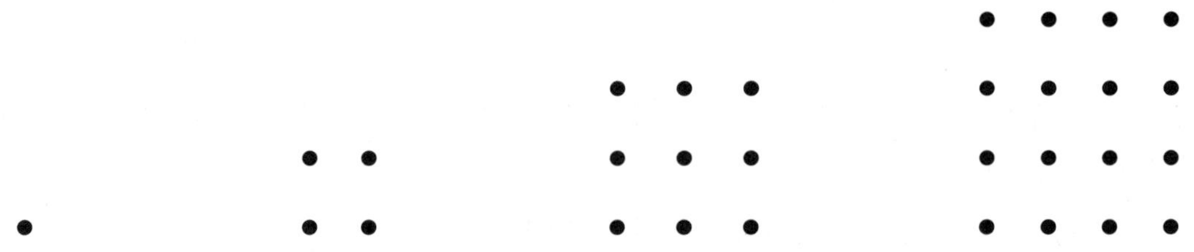

1. 学生尝试提问

2. 小组交流

（1）在小组里说一说你提出了哪些问题？

（2）小组长汇总不同的问题。

3. 全班汇报

教师：第一小组你们提了哪些问题？（学生说，老师板书）

学生 1：我们小组提的问题有——

（1）这些小黑点的变化规律是什么？

（2）第 4 个图有几个小黑点？

教师：其他组还有什么补充吗？

学生 3：（3）除了正方形有这样的规律，如果把点子摆成五边形呢，会不会也有规律？

（4）有什么方法最快知道它有多少个小黑点？

（5）第 10 个图有多少个小黑点？

（6）为什么第二幅是加上 3 个，接着加 5 个，7 个，接下来又会怎么变呢？

【**批判性思维培养说明：**通过改变教材例题的呈现方式，给学生创造了开放的提问空间，学生基于自己的学习起点，借助点子图从不同的角度提出数学问题。同时，尊重学生，老师对学生提出的问题不加以评判，把学生的问题板书在黑板上，让学生感受到自己提出问题的价值。】

二、学会提问

（一）体会提问的不同角度

教师：同学们都能从不同的角度提出不同的问题。现在我们一起回头来看同学们提出的这些问题，哪些问题是从同样的角度提出的？小组讨论说说你们的想法。

1. 求点子数量的角度

学生 1：我发现第 2 和第 5 个问题角度是相同的。

教师：是从什么角度提出来的呢？

学生 2：都是想知道点子数是多少。

2. 寻找变化规律的角度

教师：其他同学还有补充吗？

学生 3：我们发现第 1 个问题和第 6 个问题都是想知道变化的规律是什么。

教师：同学们真善于观察，我们既可以从单个图形的角度来提问，求点子的数量是多少；还可以从联系的角度来提问，寻找图形之间的变化规律，第 6 个问题跟第 1 个问题的角度是一样的，都是求“小黑点的变化规律是什么？”那我把第 6 个问题去掉了可以吗？

（学生表示赞成。）

3. 拓展延伸的角度

教师：你们还有什么疑问吗？

学生 1：那第 3 个问题呢，他也是从联系的角度来提问吗？

教师：你们认为呢？

学生 2：我觉得也是，不过他已经想从研究正方形点子延伸到研究五边形点子的规律了。

教师：没错，这位同学用了发展的眼光来提问，真了不起。

【**批判性思维培养说明**：通过对比分析交流，学生可以体会提问的不同角度，不仅可以通过直接观察其中一幅点子图来提问，还可以从对比联系、拓展的角度来提问。】

（二）改善指向不明的问题

教师：你们认为有哪些问题不好理解吗？说说你的想法。

学生 1：第 4 个问题“有什么方法最快知道它有多少个小黑点？”这里的“它”是什么？

学生 2：是啊，说的是第几幅图呢？

教师：来，我们问问提问者是怎么思考的？

学生 2：其实我想表达的是“有什么方法能最快算出总共有多少个小黑点？”

教师：这回你们听明白了吗？

学生纷纷点头。

教师：看来我们提出的问题要有指向性，不仅写明白，还得能让大家看明白。

【**批判性思维培养说明：**对于小学生来说很多时候提问都是跟着感觉走的，通过引导学生对问题的再分析和再改善，使学生认识到提问要有指向性，能使听者听明白。】

（三）调整解决问题的先后顺序

教师：刚才我们把问题理了理（如下）。

（1）这些小黑点的变化规律是什么？

（2）第 4 个图有几个小黑点？

（3）除了正方形有这样的规律，如果把点子摆成五边形呢，会不会也有规律？

（4）有什么方法能最快算出总共有多少个小黑点？

（5）第 10 个图有多少个小黑点？

接下来我们要解决这些问题，你们能按解决问题的先后顺序进行排序吗？说说你们的理由。

学生 1：我们是这样想的，问题按照 2、5、1、4、3 来排序。

学生 2：我认为第 5 题可以跟第 2 题一起解决。

学生 3：我也赞成这个想法，因为都是在求第几幅图有几个小黑点。

教师：你们也是这么想的吗？

学生 4：我们不这么认为，因为要知道第 10 幅图的点子数，得知道规律是什么才能推理出来，所以应当把这个问题放在“这些小黑点的变化规律是什么？”之后。

教师：你们认为按照 2、1、5、4、3 这样调整如何？

学生 1：这样调整就比较合理了。

【**批判性思维培养说明：**对问题进行排序，再一次使学生读懂他人的问题，理清问题的序，进一步体会提出问题的不同深度。】

（四）在解决问题中发现问题

教师：现在发挥小组的力量，一起来研究这几个问题。

1. 解决问题中理解规律

学生通过观察图上的点子很快解决了“第 4 个图有几个小黑点？”的问题，在解决的过程中呈现了不同的想法。

学生 1：我一眼就看出来了，因为是一个正方形点阵，所以有 4×4 个点，也就是 16 个。

学生 2：我也是得到 16 个点子，但是方法不一样，我是这样观察的，如图。

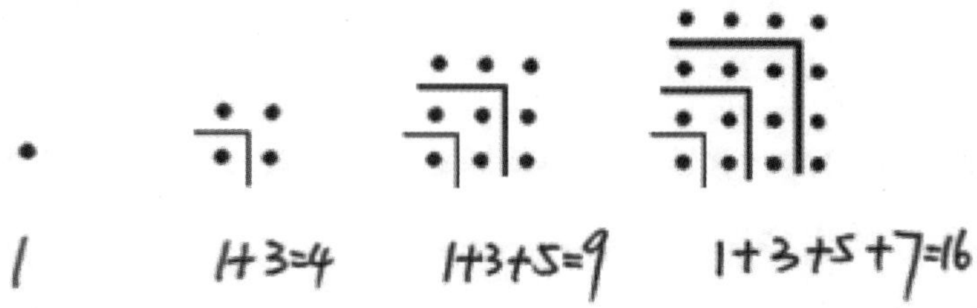

教师：你们能看懂他的想法吗？

学生 3：点子数是一层一层加上去的。

教师：跟前面的图有关系吗？

学生 4：有啊，都是在前一幅图的基础上加上最外层的点子数。

教师：真好！这两位同学能从不同的角度求得点子的数量。咦！仔细观察点子图和算式，这两位同学的方法有联系吗？

小组通过讨论发现“1+3+5+7”与“4×4”相等，把“4×4”改写成“4^2”后，得到等式：$1+3+5+7=4^2$。

2. 在练习中提出新问题

学生通过观察研究发现“数”与“形”之间的一条规律，那就是从 1 开始，几个连续奇数相加，和即是几的平方，还发现点子图形成的正方形点子数正好是连续奇数的个数的平方。接下来将通过练习使学生体会“以形助数”的优势。练习题如下：

（1）1+3+5+7+9+11+13=（　　）^{2}

（2）1+3+5+7+……+（　　）=16^2

学生根据前面找到的规律，发现加法算式是从 1 开始，数出 7 个连续奇数相加，想到是边长为 7 的正方形。反之，第 2 题则通过正方形的边长为 16，推算出算式是从 1 开始的 16 个连续奇数连加。

教师：通过刚才的练习，你们有什么新的问题吗？

学生 1：刚才我们都是 1 个 1 个地从 1 开始数出有多少个连续的奇数相加，从而知道边长是几的正方形，那 1+3+5+7+……+2021 的话，有没有更好的办法较快地数出有多少个连续的奇数呢？

学生2：我还想知道的是从1开始的连续奇数的和，得到的是正方形数。如果是从2开始连续的偶数呢，又可以得到什么形状的图形？

学生3：是啊！会不会还有三角形数、五边形数，算式与图形又有什么关系呢？

…………

3. 小组自选问题进一步进行研究。（略）

【**批判性思维培养说明：**改变以往老师问、学生答的方式，使学生基于解决问题的经验，鼓励学生从不同的角度提出问题，努力寻找有效的解决问题的方法和路径，探究更多的有关“数”与“形”之间联系的奥秘。并通过小组自选喜欢的问题进行研究的方式，进一步激发学生的探究欲望。】

三、反思提问

教师：同学们，现在我们回过头看看这节课我们是怎么提出这么多问题的？

学生通过交流讨论，发现可以从观察的角度来提问，问一问第几幅图的点子数量是多少；可以从联系的眼光来提问，问一问点子的变化规律是什么；可以从拓展延伸的角度来提问，问一问如果把点子摆成长方形、五边形，又有什么样的规律；同时，在解决问题过程中，练习中，还可以提出规律怎样运用的问题。

教师：你们认为什么样的问题是“好问题”呢？说说你的理由。

学生1：我觉得好问题是能够让我们喜欢研究的问题。像今天这个图就挺有意思的，我们可以提出很多有意思的问题来研究。

学生2：我认为好问题是能让别人听明白的问题，如果提的问题别人听不懂就不知道怎么解决了。

学生3：我想好问题是每个人通过努力都能解决的问题，如果问题太难的话我都没办法做，那就没意思了。

学生4：嗯，好问题是能让人眼前一亮，大家都没想到的问题，可以给人惊喜。

…………

【**批判性思维培养说明：**通过回顾反思提问的过程，学生再次体会到可以从不同的角度提出问题。通过交流心目中的“好问题”，学生知道提出“好问题”的重要性。同时，也反过来提醒教师，提问不能只是一厢情愿，而是要从孩子的角度提出“好问题”，有效地培养学生发现和提出问题的能力。】

第 9 章　基于“复习讲评”教学的“评估—反思”技能培养

9.1　“复习讲评”教学与批判性思维中的“评估—反思”技能

批判性思维是对思维成果的再思考。就小学数学而言，“评估—反思”是培养批判性思维的必要环节，也是学生学习与持续发展的一种重要技能。一般而言，“复习讲评”是学生对自身或他人学习情况进行评估与反思的重要方式，这可以很好地培养学生客观冷静地评估与反思的技能。

本章将要探讨的问题是，在“复习讲评”教学的基础上，如何培养和发展学生的“评估—反思”技能。

9.1.1　“评估—反思”的内涵

“评估”一词在《现代汉语词典（第 7 版）》中的解释是“评价、估量、测算”。“评”在这个词中除有“议论、评论”，也有“判出高下，评比”之义；而“估”指“揣测，大致地推算”。在中小学教学中，评估就是求真、公正、开放、包容地对自身和他人思维成果作审视处理、评价推论、阐释估量的过程，以求去粗取精，去伪存真①。

“反思”一词在《现代汉语词典（第 7 版）》中的解释是“思考过去的事情，从中总结经验教训”。“反”有“翻转，颠倒”之义；“思”指“想，考虑，动脑筋”。

① 孙玲玲．发现・评估・说明・自我校准：高三历史教学中学生批判性思维能力的养成策略 [J]. 中学历史教学参考，2019（19）:28-32.

在杜威的“反思”理论中，反思也意味着要发现未知——以发现未知来判断“已知”，以求新而评旧。实质上，“反思”也叫反省，是一种内省认识活动，是学习主体主动对自身思维过程以及思维结果所涉及的有关事物、材料、信息、推理、结论等进行周密且有批判性的考察、评价、调节等再思考过程。

综上所述，基于批判性思维是对开放、求真、公正、理性等思维品质的追求，批判性思维中的“评估—反思”技能是指基于一定标准，对思维过程、思维成果以及行动进行监控、反思、评估和改进，促进自我导向、自我约束、自我监控和自我修正的过程。《课标（2022）》的“课程总目标”中提到“形成质疑问难、自我反思和勇于探索的科学精神”；“课程实施”里提出“加强自我监控、自我评价，提升自主学习能力”[①]。可见，在中小学数学教学中，“评估—反思”技能的培养具有重要意义。“评估—反思”能让学习者更清楚地了解事实真相，使他们的思维方式更加缜密，这一过程有助于学习者更加积极主动建构意义、解决问题、合理行动[②]。

9.1.2 “评估—反思”的关键要素

鉴于学生的思维水平，小学数学课堂中学生“评估—反思”虽难以做到精准与严谨，但它有着鲜明的特色与目的。围绕思维过程三大要素——论题、论证、结论，要在小学数学课堂中有效落实“评估—反思”，促使学生对思维成果进行正确的评估与反思，则需要学生具备阅读理解能力、分析评价能力、推论估量能力、审思反省能力、发现问题能力、自我校准能力关键要素。

◆阅读理解能力

关于“阅读理解能力”前文已述，此处只重申，那就是对信息进行全面地阅读收集、客观公正地审视、清晰精准地分类，这是“评估—反思”的第一步，也是关键的一步，直接关系到判断的合理性。

◆分析评价能力

通过阅读与理解，知晓论题与结论后，我们要用质疑的态度去面对论题、论证，叩问“为什么”，严密分析相关理由，找出用于支撑或证明结论的看法、证据、隐喻、

① 中华人民共和国教育部．义务教育数学课程标准（2022 年版）[M]. 北京：北京师范大学出版社，2022:4.

② 马利红，魏锐，刘坚，等．审辨思维:21 世纪核心素养 5C 模型之二 [J]. 华东师范大学学报（教育科学版）,2020,38（2）:45−56.

类比和其他陈述，进而就描述性、规定性等不同论题具体分析，判断观点或结论正确与否。特别是关联评价其理由提供的支撑，何时提供、是否坚实、可靠性与效力如何等，深层次地思考其观点是否合情合理。

◆推论估量能力

要对思维成果进行有效“评估—反思”，推论估量能力必不可少。推论估量的思维过程是“循证推论—估量定性—阐释新论”，具体体现在：其一，循证推论。即围绕前期提取的结论等信息对关联论据进行推理论证，适时否定性思考或反复追问，以求冷静、理性地自我校准，实现准确评估。其二，估量定性。即经过“严密、全面、准确、精确、深度、广度、逻辑、公正”的估量后作出定性，由原思维成果得到新论。其三，阐释新论。就是对不同的思维成果所作出的评估，通过文字描述、图形表征等方式外显出来，有条有理地说明结论。

◆审思反省能力

“审思反省”是对已形成的认识从另一角度，以另一形式进行反复的、连续不断的、严肃的再思考，以求得新的深入认识，或提出疑问作为新的思考起点[①]。

事实上，与审思反省相关的研究颇多。其中，哲学家和教育学家杜威就提出反省思维理论。杜威通过对传统身心二元论思想进行批判，指出传统教育重视学生知识的积累，而忽视对学生反省思维能力的培养。他认为反省思维是思维的最好方式，在《民主主义教育》一书中，杜威曾多次谈到了什么是思维。他指出：“所谓思维或反思，就是识别我们所尝试的事和所发生的结果之间的关系。”[②]在杜威看来，人的思维有多种不同的方式，有好的思维方式，也有坏的思维方式， 而他认为反省思维是求知的最好方式。为了区别反省思维与其他思维方式，他首先将反省思维与那种毫无系统、缺乏证据及盲目顺从于传统和权威的常规思维做了比对。在他看来，常规思维基本上是由屈服于传统、权威和冲动所决定的，这种思维方式是不规则、不连续的。而反省思维是“对某个问题进行反复的、严肃的、持续不断的深思”[③]。

---

① 庄学真. 有关数学反省思维及能力培养的思考[EB / OL]. https://www.taodocs.com/p-396362771.html.

② 杜威. 民主主义与教育［M］. 王承绪，译. 北京：人民教育出版社，1990:158.

③ 杜威. 我们怎样思维：经验与课程［M］. 姜文闵，译，北京：人民教育出版社，1991: 11.

◆发现问题能力

“发现问题”作为一种普适性能力，已在前文有论述，而在“评估—反思”中主要是学习者以经验或者逻辑思维为基础，按照假设的方式，进行理性的梳理思考，预测各种可能的结果，刺激学生，让其在催生思考、对照、反省中发现问题。

◆自我校准能力

在发现问题、界定问题的基础上，学习者根据现实的情境与问题，理性地将问题的各种设想排列成序，在自觉或不自觉的比较、鉴定和判断中，分析推论过程，主动建构知识；在不断追问中，做中想，想中辩，辩中明，深度理解方法的多样性；在明辨中，推理验证问题，使解决问题的方法或者思路具有逻辑性和可行性。学生在反思成果中互相检验、互相质疑，纠正学习误解，从学生的实际水平出发，在与同伴交流和相互评价的基础上，习得多种解决策略与方法，做出准确判断，完成透彻的分类和学会完整的概括等，调整、纠正、解决问题，有效完成自我校准，拓展批判性思维。

综上所述，数学课堂中的“评估—反思”意指学习者在学习中严密、全面、准确、精确、深度、广度、逻辑、公正地对自身或他人的活动内容、形式、结果进行阅读理解、分析评价、推论估量、审思反省、发现问题、自我校准。在评估与反思的过程中，学习者积极思考，一是努力去认识事物的本质、去伪存真、更新认识，改变处理问题的视角和价值观，摒弃随波逐流，不再盲从、模仿别人的观点与方法；二是突破思维的僵化与奴化，以崭新的视角观察问题、解决问题。与此同时，“评估—反思”中的理解是双向的，既包括对他人观点的评估与反思，也包括自己对思维成果的评估与反思。

具体而言，在数学教学中，批判性思维的“评估—反思”相关行为表现举例如下：

（1）评估自身或他人观点的可靠性及思维过程的逻辑性；

（2）区分因果与相关，考虑其他可能原因或解释；

（3）复盘学习任务执行过程及完成情况，反思经验与教训；

（4）基于证据评估自己、他人的内在思维成果或外化行为表现；

（5）在对思维、行为、思维成果等评价的过程中能运用适当的标准。①

显然，学习者基于自己的数学理解去评估自我或他人的观点，进而审思反省，发现问题，调整思路，有效完成自我校准，纠正解决问题，从而实现不断地自我超越。

---

① 马利红，魏锐，刘坚，马鸣燕等．审辨思维：21 世纪核心素养 5C 模型之二 [J]. 华东师范大学学报（教育科学版），2020,38（02）:45-56.

9.1.3 “评估—反思”技能的水平层次

参考教育心理学教授比格斯（J.B.Biggs）的SOLO分类理论，对学习者的“评估—反思”技能的水平以等级描述为特征进行评价，具体我们对“评估—反思”技能的水平层次做出初步的划分（见表9–1）。

表9–1“评估—反思”技能水平层次

水平层次 关键要素	水平0 （前结构）	水平1 （单点结构）	水平2 （多点结构）	水平3 （关联结构）	水平4 （拓展抽象结构）
阅读理解 （获取—审视—鉴别）	不能获取信息；不能审视、辨析信息	能获取部分信息；能初步审视信息，但不完整	能获取全部信息，但不知它们之间的关联；能客观、公平地审视信息，能甄别信息	不仅能获取全部信息，且知道它们之间的关联；能准确审视，能分辨事实与观点、分类信息	在全部获取信息、关联信息的基础上，拓展抽象获取信息、互译内化；能清晰、精确地理解信息，找出论题与结论
分析评价 （辨析—寻据—评价）	找不到用于支撑或证明结论的看法、证据等；更不能作出评价	能围绕论题、论证找到部分用于支撑或证明结论的看法、证据、隐喻、类比和其他陈述；能对部分信息作评价	能围绕论题、论证严密而全面地找到用于支撑或证明结论的看法、证据、隐喻、类比和其他陈述；能对全部观点或结论正确与否作评价	能就描述性、规定性等不同论题具体分析，明晰观点或结论正确与否等基础上，关联评价其理由提供的支撑何时提供、是否坚实，可靠性与效力如何	不仅对信息能关联评价，且能拓展抽象评价内容，深层次地思考其观点是否合情合理
推论估量 （推论—估量—阐释）	不能对思维成果进行推论与估量	只能对部分思维成果进行浅层地推论与估量，且准确性不高	能对全部思维成果进行深层地推论与估量，且基本准确，但没有形成定性	能对思维成果能进行关联性推论与估量，且严密、全面、准确、精确、公正，初步形成定性，不能有效表征出来	能对思维成果进行深度、广度、公正的推论与估量，并抽象形成定性，由原思维成果得到新论，且能有条有理地表达事实或观点
审思反省 （质疑—审视—反省）	不能对思维成果进行审思反省	能对单个问题持质疑的态度，审视反省遇到的个别问题和困难	能对多个问题持质疑的态度，并审视反省遇到的所有问题和困难	能对全部问题进行关联性质疑、审视反省，但未能作转化及深入思考	能在对问题进行全面质疑、审视反思的基础上，转化思路，深入拓展抽象思考

（续表）

水平层次 关键要素	水平 0 （前结构）	水平 1 （单点结构）	水平 2 （多点结构）	水平 3 （关联结构）	水平 4 （拓展抽象结构）
发现问题 （回应—思考—界定）	反思过程中，不能发现问题	能对新发生的单个变化和新出现的单种情况作反应	能对新发生的多个变化和新出现的多种情况作及时反应，初步发现问题	能对新发生的多个变化和新出现的多种情况作关联性反应，从中找出关联，准确发现问题	在发现问题的基础上，以经验或者逻辑思维为基础，按照假设的方式，进行理性的梳理思考，预测各种可能的结果，拓展抽象地界定问题
自我校准 （确定—验证—调整）	反思后，不能进行自我校准	能初步确定对策，进行单一性自我校准	能理性确定对策，进行多元性自我校准	能利用关联性对策，主动建构知识，形成关联，精准校准	能抽象完成透彻的分类与完整的概括，调整、纠正、解决问题，有效完成自我校准，拓展批判性思维

上述主要是对“评估—反思”技能水平层次的划分，一是反映对自身或他人思维成果所“评估—反思”的“量”，即广度；二是相应“评估—反思”的“质”，即精准度、深度等。在这一过程中，学习者“评估—反思”技能水平与相应“学习支持”有关，包括物化的学习环境，也有隐性的教师、同伴等相互作用。

9.2 “复习讲评”教学中“评估—反思”技能的培养策略

学生的学习应是一个主动的过程，认真听讲、独立思考、动手实践、自主探索、合作交流等是学习数学的重要方式[①]。2022 年 4 月，《课标（2022）》发布，其中“反思”一词共出现 36 次，“评价”则累积出现 86 次，“评估”有 5 次。如，在“总目标”中提出“养成良好的学习习惯，形成质疑问难、自我反思和勇于探索的科学精神”，特别强调要自我反思、敢于反思、能够反思等；又如，在“课程理念”中提到“采用多元的评价主体和多样的评价方式，鼓励学生自我监控学习的过程和结果”[②]。可见，

① 中华人民共和国教育部．义务教育数学课程标准（2022 年版）[M]. 北京：北京师范大学出版社，2022:4.

② 中华人民共和国教育部．义务教育数学课程标准（2022 年版）[M]. 北京：北京师范大学出版社，2022:4.

在数学教学中培养“评估—反思”技能的重要性。

在小学数学教学中，“复习讲评”教学是培养学生批判性思维中“评估—反思”技能的重要载体，具体可以从培养“评估—反思”的关键要素入手，即培养阅读理解、分析评价、推论估量、审思反省、发现问题、自我校准能力，从而整体提升“评估—反思”技能，形成开放、求真、公正、反思的思维品格。

9.2.1 阅读理解能力的培养

阅读理解贯穿思维的全过程，在批判性思维的各个环节均有涉及，而“评估与反思”技能的形成，同样需要学生具备阅读素养。

在阅读中，通过“获取信息，客观分析”“审视信息，深度分析”“甄别信息，准确分析”，可以促进学生的推理能力、建模能力和抽象能力的形成。因此，在“复习讲评”教学中，有目的、有计划地引领学生走进阅读与理解的“三步”，通过阅读自身或他人的思维成果（练习、作业等），明晰信息，形成学生阅读理解能力，为进一步评估与反思奠定基础。

9.2.2 分析评价能力的培养

分析评价是基于对问题的理性思考，在对各种信息进行识别、理解、比较和判断的基础上，实现多维分析、有效评价。在“复习讲评”教学中，我们可以从“辨别真伪，有效评价”和“多维分析，合理评价”两个维度来培养学生分析和评价的能力。其中，分析能力前文已有说明，故这只对评价作阐述。事实上，评价是对各种信息的理解、识别、分析、综合、比较、判断等方面的能力，可从以下两方面进行培养。

◆辨别真伪，有效评价

首先，让学生明晰信息有事实与假设之分，辨别信息的真伪，评价能否发现论证中的逻辑错误，比如得出结论的前提和假设是否科学，问题概括和统计数据是否正确，是否存在虚假论据、错误类比，隐藏假设。其次，让学生感悟、明确，不管是自我评价，还是对他人评价，都不能信口开河、武断裁判、道听途说，而是始终拿证据说话，且所用证据必须符合事实。例如，在完成习题“把254700省略万位后面的尾数约是(　　)”时，引导学生对“25.47万”这一想法进行评价，先辨别对错，再评价相应的思维及理由。学生根据想法中的相关信息诊断评价：一是此想法错误；二是造成错误的原因是在数学阅读过程中，没能正确提取信息，把“省略万位后面的尾数”错误理解成“改写成用万作单位的数”。

◆多维思考，合理评价

评价方式多元，教学中要引导学生形成多维思考、合理评价的能力。在“复习讲评”时，围绕要评价的解题结果，可以由因索果顺向思考，也可以执果寻因逆向而思，以公平、公正地合理评价。例如，对“56×（19+28）=59×19+28=1121+28=1149”此类错误想法，讲评时，可以引导学生从题目顺向思考去评价，题中是（19+28）个 56，而计算时只算了 19 个 56，也可从计算过程逆向分析，选择合适的、多方面的证据，识别系统中的变量，分析它们之间的关系，能借助证据、合理推理，进行有效的评价与论证，发现计算中的逻辑漏洞。

9.2.3 推论估量能力的培养

推论估量能力是对思维成果进行深度、广度、公正的循证推论，估量定性，由原思维成果得到新论，且能有条有理地阐释新论。

◆循证推论

循证推论是基于证据对问题的变化提出可能的假设，通过分析推理加以实证或伪证，建立观点、结论和证据之间的逻辑关系。在“复习讲评”教学中，启导学生围绕解决方法及其结果收集各种证据，进而对证据进行分析推理。例如，复习讲评“作三角形指定底边上的高”这一内容时，引导学生从作高的步骤进行循证推论，即是否从对应顶点向指定的底边作一条垂直线段，是否标注垂足等。这样在任务的驱动下，学生经历“形成假设—寻找证据—分析推理—得出结论”的过程。

◆估量定性

循证推论后，以定性实践与定量实践相结合方式，对自身或他人的思维成果作估量定性，进一步建立证据与结论之间的关系，内化证据，形成新论。

◆阐释新论

《课标（2022）》的总目标中指出：“通过义务教育阶段的数学学习，学生逐步会用数学的眼光观察现实世界，会用数学的思维思考现实世界，会用数学的语言表达现实世界（简称‘三会’）”[①]。所以，当学生经历了推论与估量学习过程，有了新

① 中华人民共和国教育部．义务教育数学课程标准（2022 年版）[M]. 北京：北京师范大学出版社，2022:4.

想法后，我们要多给学生“说”的机会，用精准的数学语言表达新的发现，形成新的结论。

9.2.4 审思反省能力的培养

审思反省不仅局限于纯粹的知识掌握和解题能力的高低，而且在对遇到问题时，能根据数学信息之间的联系，从不同的角度、多层次地分析问题，剖析各种信息之间的关联，根据关联作出评判，在观察分析中进行反省，在整理复盘中促进学生自我反思与评估。

◆**质疑溯源**

遇到问题时，学习者以求真、开放的批判精神，积极围绕问题多方面去探寻其形成的缘由，弄清结论与论据之间的关联，并透过现象追根溯源，找出伪证，弄清实证。例如，在“小数加减混合运算”的复习讲评课上，教师引导学生对“10.75+0.4−9.86=10.79−9.86=0.93”这种错误做法追根溯源，发现学生已经掌握小数加减混合运算的顺序，但没掌握小数加法，进一步深入溯源，了解到：有的学生虽已掌握计算小数加法，但因其没认真观察“数据”直接口算而出错；有的学生本来就不会小数加法而出错等。

◆**审视反省**

审视反省指一个人不断地对自己或他人的思想、行为进行思考、对照、反思，发现问题，理性明辨对策，纠正原有思维成果的缺点、错误等。例如，复习讲评“五边形的内角各是多少度？”此题，引导学生审视自己对相关数学概念的理解与掌握情况，一是三角形的内角和是180度，二是如何推导多边形的内角和等问题，寻求合适的、多维度的证据，进而借助解题过程等证据进行有效的推理论证，推测问题的缘由，正确掌握知识的本质特征，促进学生自我反省。

9.2.5 发现问题能力的培养

在“评估—反思”的思维过程中，需要学习者具备发现问题的能力，但培养发现问题的能力前文已有论述，故这里不展开说明。

9.2.6 自我校准能力的培养

在反思和评估中，经历前期的阅读理解、分析评价、推论估量、审思反省、发现问题后，学习者对思维成果进行自我校准。实质上，自我校准是主体自觉地对自己认识活动进行回顾、思考、总结、评价与调节，是主体在认知过程中强化自我意识，进行自我监控和自我调节的重要形式。从心理品质上讲，它具有批判性和独创性，是学习过程中的自我超越和自我完善。

◆整体界定

教学中，可以让学习者对已发现的问题再次作整体界定，辨析取舍，确定要校准的思维成果，清晰目标，避免盲目而为，分层培养学生自我校准的能力。

◆多维验证

教学中，引导学习主体进行反思，对思维成果进行多维验证。例如，在完成“一个等腰三角形的顶角是 70 度，它的底角是多少度？”任务后，学生评估确定了观点“40 度”是错误的，但错在哪里？教学中，可以启导学生多维分析，促使学生由指向问题转移到指向自身的认知加工过程，判断从源头上验证是否方法出错，或从过程中验证是否计算出错。显然，反思“40 度”的思维过程，学生会发现，虽知三角形的内角和是 180 度，但在阅读题目时，未能有效提取关键信息，错把“顶角”看成“底角”，则用“$180° -70° \times 2=40°$”来解决；也有学生分不清“顶角”和“底角”的特点，以致错判。随后，与“等腰三角形有一个角是 70 度，它的另外两个内角多少度？”的问题，进一步比较，在这一开放题的解决过程中，学生能更好地监控、调节、纠正自己的认知活动，提高学习能力和批判性思维。

◆反复调整

在小学数学教学中，可以给予学生不同的反思与评估时空，让他们回忆观察、实验、猜测、推理、交流等思维的全过程，为什么要这样做？还有没有其他方法，如果有，哪种方法更好？是否能变换成另一种形式等，不断地进行反复调整，以纠正错误的思维成果，有效实现自我校准，从而提升学习者的思维概括力、洞察力和整合力，继而发展学习者的批判性能力。

9.3 课例 1：“三角形”单元整理与复习

复习是学习过程的重要一环，不仅可使所学的知识系统化，还可以加强对知识的理解、巩固与提升。在这一过程中，学生对单元学习过程、学习方法与学习结果不断的“反思—评估”，有效地发展批判性思维能力。下面以四年级“三角形”这一单元为例，阐述在复习讲评教学中如何培养“评估—反思”技能。

教学内容：

《人教版义务教育教科书·数学》四年级下册第59—70页，第五单元“三角形”复习。

教学目标：

一、基本目标

1. 显性知识

（1）整理“三角形”单元知识的过程中，关联散点知识，结构化梳理，系统建构与内化，形成个性化认知体系；（2）提升学生对知识的理解水平；（3）增强学生运用知识解决问题的能力。

2. 隐性能力

（1）进一步突出单元重点，突破难点，在解决困惑的过程中，对知识从单纯的识记到理解再到应用、分析等，进一步澄清概念意义，审视论证，让思维能力不断地深化进阶；（2）通过对学习过程的反思与评估，培养学生“三会”，即会用数学眼光观察、会用数学思维思考、会用数学语言表达的能力。

3. 增值评价

通过任务驱动及多元评价，体会与感悟评价的开放与精准。在单元复习与讲评中培养学生的数学阅读、问题解决等能力，提升学生的学习力。

二、批判性思维培养目标

1. 培养学生谨慎和仔细思考的态度，开放、求真、客观、公正、理性的思维品质及反思评估的习惯。

2. 通过多视角反思与评估自身或他人观点的可靠性，以及思维过程的逻辑性，加强自我监控、自我评价，进一步形成质疑问难、自我反思和勇于探索的科学精神，提升自主学习能力，培养批判性思维。

3. 意识到现实问题是复杂的，学会反思与评估观点、策略等思维成果的正确与否。

教学重点：在反思与评估中，关联散点知识，结构化梳理，系统建构与内化，增强理解水平，提升应用能力，培养反思与评估的思维品质。

教学难点：发展阅读理解、分析评价、推论估量、审思反省、发现问题、自我校准能力，培养反思与评估的意识与技能。

教学准备：希沃白板5课件、百变扣条、学习任务单、点阵笔（带有摄像头的笔，学生常规书写过程中，实现同步全场景作答数据采集与分析）及其智慧平台等。

教学过程：

一、激活思维，导入新课

教师：怎样把一个长方形剪一刀变成两个三角形?

学生：沿着长方形的对角线去剪开。

教师：今天我们就一起来进行“三角形的单元复习与讲评”（板书课题）。

【**“评估—反思”技能培养说明：**通过“怎样把一个长方形剪一刀变成两个三角形？”这一思辨性任务，唤醒反思意识，促使学生阅读理解，反思提取长方形、三角形相关特征，关联思考，以此引出单元复习讲评。】

二、反思梳理，整体建构

1. 反思已有认知

教师：课前，大家对这一单元的知识结合任务单进行了梳理，现在请四人小组互相说说。（巡视过程中，教师拍照收集部分典型作品。）

学习任务（一）：同学们，一起来反思，用你喜欢的方式来简要整理“三角形”单元知识点。

（注：本学习任务前置到课前反思整理，独立完成。）

2. 互动形成结构

（1）整体浏览

教师：我们看看这几份作品。

（展示几份典型作品）

教师：在这些作品中有文字说明，也有思维导图等方式，那大家觉得这些思维导图怎么样?

预设：结构清晰，层次分明……

教师：观察别人的思维导图，反思一下自己的，你觉得自己的思维导图怎样呢?

学生1：我的导图还可以再具体一点。

学生2：我漏了一些知识点没有整理。

…………

教师：同学们善于反思、利用思维导图把知识结构化，真了不起！

（2）典型分享

教师：下面，谁愿意上来具体分享呢？

（指名两三个学生到前台分享。）

（学生汇报时，教师同步适时板贴黑板上的树状思维导图）

教师：看，这样整理，一棵“三角形”的知识大树就出来了！

（3）对比提升

教师：哎，我们看看，尽管两种思维导图形状不同，但都怎么样呢？

（指名一两个学生回答）

小结：是的，思维导图是一种很好的学习工具，利用思维导图可以系统整理单元知识，把散点知识关联起来，清晰明了。

【**“评估—反思”技能培养说明：**新课程理念下，根据本单元的数学本质、学生本体、学习本位去设置前置学习任务，以任务驱动学生对“三角形”这一单元进行自我反思，在个体独学的基础上，进而展开小组对学，全班群学，让学生反思、评估自身或他人单元学习的思维成果。】

三、聚焦重点，反思评估

1. 自我评估

教师：同学们，在三角形的这棵知识树中，自我评估一下，学得怎么？有什么想说的？

课件出示：学习任务（二）：（1）你对哪些内容学得较好？（2）你对哪些内容还有困惑？

（3）你最想提醒大家注意什么？

教师：好，用1分钟分享给您的同桌听。（希沃计时）

2. 互动评估

（1）你哪些内容学得较好？

教师：谁来说说？

教师结合学生的分享，适时整理如下要点：

A. 作高

强调：三角板的两条直角边，一条对齐底，另一条要对着相应的顶点。高与底是一一对应的。

B. 围成

强调：像他说的，三条线段围成的图形叫做三角形（教师板书：围成）。

利用百变扣条演示，并提出问题——这种是围成吗？为什么？

预设：有缺口，不是封闭！

教师：看来，同学们都会用“数学眼光”去观察，用“数学思维”去思考！这是一种好习惯！

C. 稳定性

利用百变扣条围成的三角形、四边形，让学生对比观察，并评估。

（2）你对哪些内容还有困惑？

教师：你们对哪些内容还有困惑呢？

教师：谁能帮他解决。

结合学生回答，教师适时点拨：

A. 三边关系

学生回答后，用“数学画板”演示“三边关系”，并强调：

三角形任意两边之差	<	第三边	<	三角形任意两边之和

B. 等腰三角形和等边三角形的关系

结合回答，师适时板书：2条、3条、特殊。

强调：等边三角形也是等腰三角形，而且是特殊的等腰三角形。

（3）你最想提醒大家注意什么？

指名一二生回答。

小结：真会自我反思与评估，感谢这些同学的提醒！

教师根据学生的回答，用红笔在黑板的思维导图中批注，补充板书。

3. 思想渗透

教师：刚才，大家都提到，通过探索知道三角形的内角和是180度，现在我们一起来回顾探索过程。

【**“评估—反思”技能培养说明：**合作是一种重要的学习方式。在课前自我评估的基础上，学生与同伴分享，聆听获取、审视、鉴别信息，分辨事实与观点，找出论题与结论进行理性分析评价；与此同时，驱动学生进行自我审思反省、评估。特别是，“你哪些内容学得好？”“哪些内容还有困惑？”“你最想提醒大家注意什么？”等一系列思辨任务，让学生更有层次地去反思与评估，螺旋上升地批判性思考，助力思维能力更好地进阶。】

四、分层学评，深度推进

（一）点阵笔智慧练习

教师：大家对这个单元知识的理解和掌握情况如何呢？下面，我们应用所学知识，一起来完成点阵笔智慧课堂练习吧！

出示学习任务单三（详见本文附件），让学生利用点阵笔在“铺码”的任务单上独立完成。

学生在做任务单的过程中，教师重点查看“操作”“应用”“拓展”这三大主观题，收集共性问题。

（二）技术反馈精准讲评

教师：好了，同学们，看来大家基本完成了！我们一起来看看完成的情况。

1. 分析情况：打开“一教一学”电脑端，简要指出生成的反馈数据。

逐一点开：数据报告→作业报告→整体情况（作业情况概览—题目作答分析—学生作答表现—作业用时分析）

2. 精准讲评：选 3—4 道共性问题进行讲评（两道客观题，两道主观题）

逐一点开：数据报告→作业报告→题目分析（快速浏览，再点“讲评共性问题”）。

注：“点阵笔智慧平台”暂只能自动识别、即时反馈选择和判断题的作答情况，其他主观题要后续批阅后才能生成正确率、完成时长、共性问题等数据。

（1）第一道共性问题（选择）：一个等腰三角形，它的一个底角是 70 度，它的顶角是（　　）度。

A. 55　　　　B. 40　　　　C. 20

反省：再次阅读，独立思考，你选对了吗？你当时根据什么来选择的？

推论：题目已知两个条件，一是“等腰三角形”，二是“底角 70 度”，又因为等腰三角形的底角有两个且相等，所以顶角是“$180° -70° \times 2=40°$”。

质疑：为什么不能选择 A？什么情况下选 A？

论证：当 70 度是顶角时，等腰三角形底角是“（180° −70°）÷2=55° ”。

（2）第二道共性问题（判断）：把一个三角形沿一条高剪成两个小三角形，每个小三角形的内角和是 90 度。（　　）

估量：这种说法对吗？为什么？

校准：大三角形的内角和是 180 度，但沿着高分成两个小三角形，虽然大三角形的内角和平分就是 90 度，但垂足那里各产生一个 90 度的内角，所以小三角形的内角和仍然是 180 度。

小结：反思评估时，要全面阅读并理解信息。

（3）第三道共性问题（操作）：作出三角形指定底上的高。

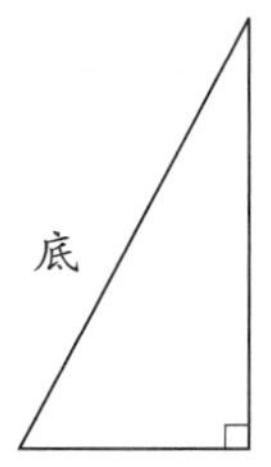

针对部分学生出现的思维“偏差”，引导他们展开“反思－评估”：

一思：为什么指定底上的高是“斜”的？先独立思考，再与同伴讨论。

预设：因为指定的底边不是与地面对齐，它对应的高就不是与地面垂直。

再思：这条底是直角三角形的什么边？另两条边又是什么关系？

预设：指定的底是斜边，另两条是直角边，它们互为底和高。

（4）第四道共性问题（说理）：三角形的两条边分别是 3 厘米和 4 厘米，另一条边可能是多少厘米（取整厘米数）？为什么？请说出你的想法。

教师：为什么“三角形任意两边之和大于第三边”？

预设：如果“小于”，三条边就围不成，会有缺口；如果“相等”，三条边就会重合在一起，“拉”不起围不成三角形。

教师：还有补充吗？

预设：三角形任意两边之差小于第三边，这样就能保证两边之和与第三边就不会相等。

…………

注：在讲评共性问题时，适时利用智慧平台的“对比讲评”（多屏显示）、“思维再现”（书写过程视频回放）的功能，以促进学生更好地反思与评估。

【**“评估—反思”技能培养说明：** 利用技术融合教学，通过点阵笔与智慧平台“同屏交互”即时采集数据形成了“共性问题”，即正确率较相对低的问题；在此基础上，引导学生根据自身或他人的正确观点或谬论，循证推论，估量定性自我校准，进而阐释新论。】

五、进阶理解，形成技能

1. 学习策略提炼

教师：失败乃成功之母。错了不要紧，关键是我们能从错中发现问题，以便更好地改进与提升自我。

2. 共性问题练习

教师：下面，我们来“举一反三”，请大家拿出“点阵笔智慧课堂练习本”进行“智慧课堂”练习（一生一本，已经铺好点阵码的单行本）。

教师从“智慧课堂”学习任务库中精选“共性问题”对应的练习题，学生利用点阵笔完成，生成答题数据，快速、精准评价，有效引导自省、校准等。

（打开“一教一学”电脑端，回放几个学生答题过程视频。）

小结：可见，学习过程中，我们要把握好“专注力”，提升“反思性”，全面阅读信息，仔细分析做题，深入反思检查哦！

【**“评估—反思”技能培养说明：** 本环节，旨在学生反思评估，自我校准后，对症下药，举一反三，实现自我反思、评估内容的多元化，发展学生思维能力，特别是分析、评价，甚至创新的高阶层次。】

六、关联拓展，深化提升

1. 拓展抽象

教师：来，通过前期的学习，以及今天的单元复习，相信大家都能学有所获，对知识的理解更进一步，能力也有了提升。那么，在这过程中，你最想分享哪些学习方法？

（指名两生说说）

预设：探索、推理、反思、评估……

数学眼光、数学思维、数学语言！

2. 联系生活

教师：想想，联系生活，本单元的知识可以应用在哪些地方？

小结：是的，生活中处处有数学，只要我们有一双数学眼光去观察现实生活，形成用数学思维去思考问题、用数学语言去表达问题的习惯，我们的学习力将不断提升与发展。

【**“评估—反思”技能培养说明：**本单元复习课到尾声，仍要注重对学生学习方法的指导与积累，再次引导学生反思与评估学习过程，再助学生改进，优化与沉淀“评估—反思”等技能；实现知识与技能跨越的同时，跳出本课，通过数学学习学会思维，习得“反思—评估”等批判性思维的“通法”，为学生终身学习、全面发展奠定基础。】

附件：

《三角形的单元整理与复习》学习任务单（三）

班别：__________姓名：__________

一、我会识记

1. 由 3 条线段（　　）的图形叫做三角形。

A. 组成　　　　B. 拼成　　　　C. 围成

2. 三角形任意两边的和（　　）第三边。

A. 大于　　　　B. 等于　　　　C. 小于

二、我能理解

（一）选择

1. 下面哪组小棒不能围成三角形？（单位：厘米）（　　）

A. 

B . 

C . 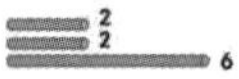

2. 一个等腰三角形，它的一个底角是 70 度，它的顶角是（　　）度。

A. 55　　　　B. 40　　　　C. 20

（二）判断

1. 每个三角形，至少有 2 个锐角。（　　）

2. 一个三角形沿虚线剪成两个小三角形，每个小三角形的内角和是 90 度。（　　）

（三）操作：分别画出下面三角形指定底边上的高。

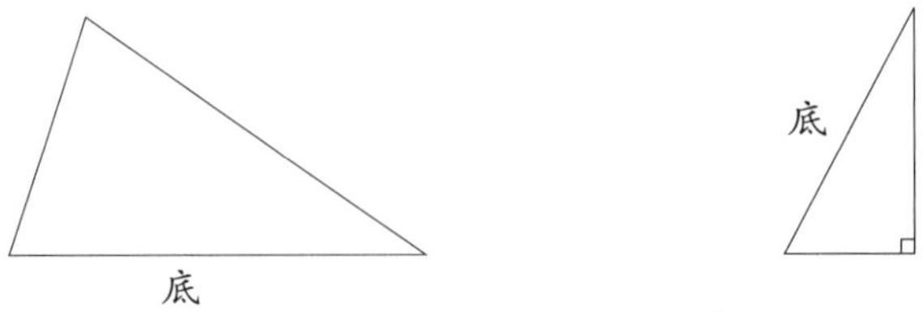

三、我善应用

围篱笆时，你认为怎么围会更牢固？（可以画出来或文字说明）为什么？

四、我能拓展

三角形的两条边分别是 4 厘米和 5 厘米，另一条边可能是多少厘米（取整厘米数）？为什么？请说出你的想法。

9.4 课例 2：“圆柱与圆锥的体积”讲评课[①]

讲评课，不仅是一个讲评练习的过程，而是在练习讲评中，理清知识的脉络，提升解决问题的能力，在解题中发展学生的思辨能力。因而在练习讲评中，不能停留在就题论题，机械重复练习，而要打通所学知识之间的脉络。在“自评共析——互评共析——质疑共评——共悟共享”中，注重典型题目的剖析，以典型题目为引线，引出变式题目、拓展题目，以“理一理、审一审、辨一辨、评一评”的方式，不断地进行“反思 - 评估”，形成良好的学习品质，发展批判性思维。下面以六年级“圆柱与圆锥的体积”练习讲评课为例，阐述在复习讲评课中如何培养“评估 - 反思”技能。

教学内容：

《人教版义务教育教科书.数学》六年级下册，第三单元“圆柱与圆锥的体积”练习。

教学目标：

（一）基本目标

1. 显性知识：在完成“圆柱与圆锥的体积”的练习中，弄清圆柱、圆锥的体积计算公式和圆柱、圆锥体积之间的关系。

2. 隐性能力：在练习讲评中，找出自己的困惑，在“自评自析、互评共析、互疑共评、共悟共享”中，沟通知识的联系，从而解决有困惑的问题。在解决问题的过程中，提升学生的批判性思维。

（二）批判性思维培养目标

1. 培养学生严谨的学习态度，形成质疑问难、自我反思、敢于反思、能够反思等良好的学习习惯。

2. 在“理一理、审一审、辨一辨、评一评”中，理解圆柱与圆锥体积之间的关系，而且能运用所学知识进行推理与运用，从而培养学生的求真品格和理性精神。

教学重点：在梳理知识，构建联系的过程中，打通知识脉络，提升解题能力，提升应用能力，培养学生严谨的学习态度。

教学难点：在“自评共析、互疑共评、共悟共享”的学习过程中，形成质疑问难、自我反思、敢于反思、能够反思的能力，善于评价自己，敢于评价他人思维成果的良好的学习习惯，从而培养学生反思与评估的技能。

---

① 本课例有两个环节参考林俊．整合教材内容，建立结构化模型——圆柱与圆锥体积关系（练习课），设计与执教均为陈肖娟

教学过程：

一、小组交流，自评共析

（一）小组交流，疑析易错点

1. 引出课题

教师：课前，我们完成“圆柱与圆锥的体积”练习题，现在我们开始“圆柱与圆锥的体积”的讲评之旅。（板书课题）

2. 小组交流

现在请四人小组交流，完成这份练习题后，分享成功之处和困惑之点。（出示小组交流要求）

四人小组交流要求：

（1）自评自改：你觉得哪些题目比较容易，哪些题目还有不懂？你能发现自己的错误吗？

（2）互评互改：标出易错点，写出错误原因。

（3）质疑共析：你从同伴那里学到什么好的方法？

温馨提示：需要帮忙的小组，可以邀请老师共同参与。

（小组内交流，教师参与小组的交流，点拨引导，分析错因，说理解题思路）

（二）有理有据，评析难易点

教师：表扬同学们在交流中，积极说出自己的想法。好的，谁愿意和大家分享你们的难易之处在哪？

学生：我觉得第 1、第 2、第 3 题比较容易，第 4、第 5 题容易出错。

教师：谁来说一说，第 1 题容易的理由。

学生：第 1 题已知圆柱的底面积和高，可以直接利用公式，$V_{柱}=sh$，算出圆柱的体积，再算圆锥的体积，$V_{锥}=\frac{1}{3}V_{柱}$。

教师：说得有理有据，那么等底等高的圆柱体积是圆锥体积的几倍呢？它们的体积比是多少呢？

学生：它们的体积比是 3:1。

教师：也就是一个圆柱可以换成几个这样的圆锥？（板书等底等高圆柱与圆锥的体积比）

（等底等高）

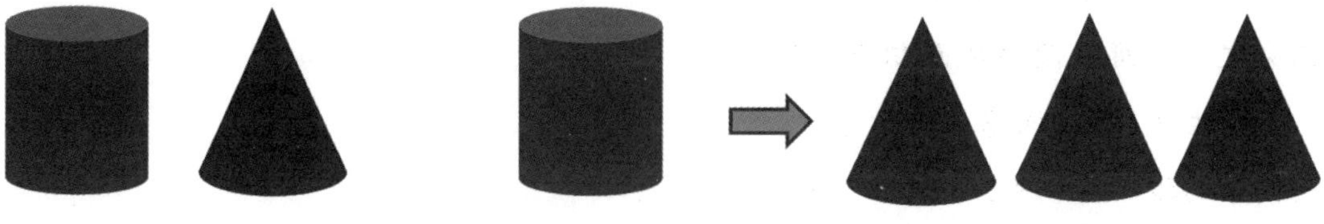

（体积比 3 ：1）

【**“评估—反思”技能培养说明**：在讲评之前，通过小组交流，反思成功之处和困惑之点，进行自评共析，实现了想清楚，说明白。在小组交流分享中，同伴互质、同伴辨析，同伴评估，理清圆柱与圆锥体积之间的区别与联系。从而调动学生的学习热情，激发学生的反思意识，培养学生的反思习惯。】

二、多维互动，互疑共评

教师：在分享中，同学们觉得直接利用公式计算的题目比较容易，要转化的题目容易出错。现在我们一起研究第 4 题的解题方案。（课件出示第 4 题）

下图各圆柱，与左边圆锥的体积相等的是（　　　）。

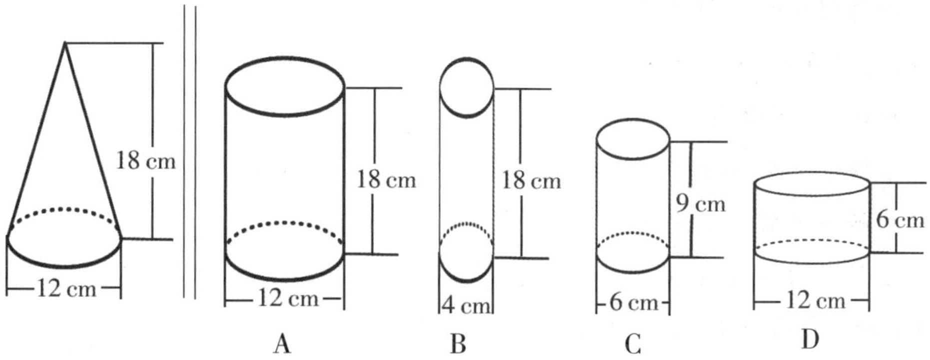

1. 独立审题，自我反省

教师：再次认真读题，仔细观察图形，独立思考，你选对了吗？你根据什么来选择？

2. 生生互辩，共同校准

教师：究竟选择哪个答案呢？请你们有理有据地“辩一辩”

学生 1：我不同意 A，因为 A 圆柱底面直径是 12 cm，高是 18 cm，与圆锥等底等高，圆柱的体积是圆锥的 3 倍，显然 A 不符合题意。

教师：等底等高的圆柱 A 不符合要求，那么圆柱 B 呢？

学生 2：我觉得可以选 B，因为我发现他们的高一样，圆柱底面直径是圆锥直径的三分之一，那么圆柱底面积是圆锥底面积的三分之一，所以他们的体积相等。

学生 3：我不同意生 2 的想法，因为我通过计算，算出 B 圆柱的体积是 226.08 cm^3，而圆锥的体积是 678.24 cm^3，从结果发现是不符合题意。

学生 4：我也不同意选 B，我是这样推断的，因为圆柱的底面积是 12.56 cm^2，而圆锥的底面积是 113.04 cm^2，圆锥底面积是圆柱底面积的 9 倍，并不是 3 倍，所以不符合要求。

学生 5：我也不同意选 B，我是这样想的，圆柱与圆锥的高相等，它们底面直径之比是 1 ∶ 3，那么底面积之比是 1 ∶ 9，这样不用详细计算也发现体积不等，不符合题意。

教师：谁听懂了他的理据。

学生：我觉得，他的意思是圆柱与圆锥高相等时，圆柱底面积是圆锥底面积的三分之一，体积就相等。

教师：为什么大多数人选 D 呢？

学生：因为圆柱的底面直径 12 cm 与圆锥的底面直径 12 cm 一样，底面积相等，圆柱高 6 cm 是圆锥高 18 cm 的三分之一，D 圆柱的体积等于圆锥的体积。

3. 师生互评，应用推论

教师：根据等底等高的圆柱与圆锥的体积比是 3 ∶ 1，那第 5 题的结果是怎样呢？谁能清晰说出解题思路。（课件出示第 5 题）

学生：已知一块 60 cm^3 的橡皮泥做了等底等高的圆柱与圆锥，即把 60 cm^3 平均分成（3+1）份，每份是 15 cm^3，即圆锥的体积是 15 cm^3。

教师：还有其他想法吗？

学生：圆锥的体积是橡皮泥体积的 $\frac{1}{4}$，可得 $60\times\frac{1}{4}=15\ cm^3$。

【**“评估—反思”技能培养说明：**通过仔细观察、有条理地分析每个选项的相关数据，获取关联的信息，进行计算或推理，有理有据寻找与圆锥等积的正确答案。在师生互动，生生质辩中，充分辩说，解释理由，打破了审题时的元认知，有联系地思辨，提升学生的思维品质。】

三、举一反三，自悟共享

（课件出示题 1）

把下面的圆柱，（1）铸成底面半径是 2cm，体积相等的圆锥，高是多少？

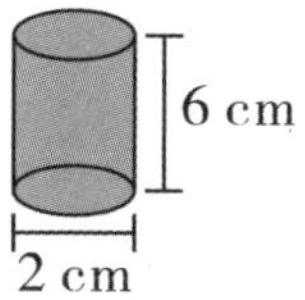

（2）铸成高 6cm，体积相等的圆锥，底面积是多少？

（温馨提示：请同学们认真读题，独立思考，通过数形结合，解答此题。）

1. 独立思考，自悟解题策略

教师：下面我们认真审题，独立完成练习题。（教师巡视，帮助有困难的学生）

2. 互动评估，多角度评价策略

教师：好！谁来尝试解决问题（1）。

学生 1：$2^2\pi\times6\div(2^2\pi)\div\frac{1}{3}=18$（cm）。

教师：谁知道他这样计算的理由是什么？

学生 2：由圆柱变成圆锥，先算出圆柱的体积，再用圆柱的体积除以圆锥的底面积除以$\frac{1}{3}$，就可以求出圆锥的高。

教师：说得有理有据。还有别的方法吗？

学生 3：$6\div\frac{1}{3}=18$（cm）。

教师：这样解决的依据又是什么呢？

学生 3：由圆柱变成圆锥，体积不变，圆柱与圆锥的底面半径也一样，即底面积也一样，直接用圆柱的高除以$\frac{1}{3}$，就可以求出圆锥的高。

教师：好的，我们一起来验证这个依据有没有道理。

教师：同学们想象一下，这个圆锥会是怎样的呢？（依次出示三个圆锥）会是哪个呢？请说明理由。

①　　②　　③

学生：我用排除法，首先排除了①号，①号和圆柱的高相等，底面积也相等，体积就是圆柱的$\frac{1}{3}$，把圆柱变成圆锥，他们的体积是相等的。不符合要求。②号更不可能，他的底面积没变，高变小了，体积就更小了。所以会是③号。

教师：是的，表扬有数学眼光的你，会用数学的眼光观察图形的变化情况。

教师：等积变形时，体积不变，底面积也不变，圆锥的高应变长多少呢？

学生：我觉得，把圆柱变成圆锥时，体积不变，底面积也不变，底面积抵消了，$6\times3=18$ 就是圆锥的高。

教师：圆柱是怎样变成这个高高的圆锥呢？请你大胆想象[①]。

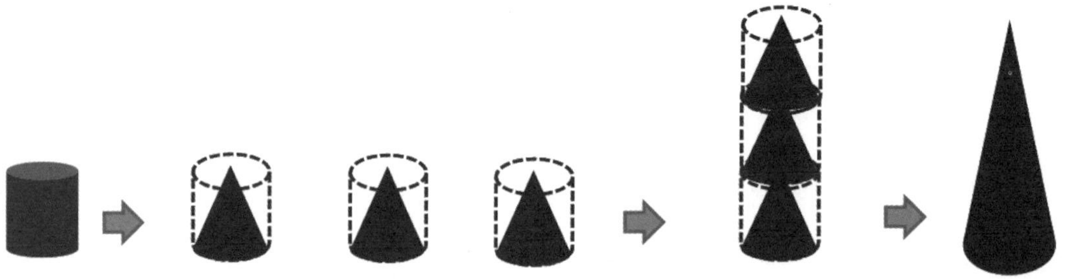

学生 5：一个圆柱的体积等于 3 个等底等高的圆锥，把 3 个圆锥叠起来，圆锥的高就是圆柱的 3 倍。

教师：说得有道理！

教师：我们不妨结合公式思考，圆柱体积 $V=Sh$，等于一个圆锥体积 $V=\frac{1}{3}Sh$，再乘 3，

① 林俊．整合教材内容，建立结构化模型："圆柱与圆锥体积关系（练习课）"教学新思考 [J]．小学数学教师，2022（03）．

即 $V=Sh=\frac{1}{3}\times S\times h\times 3$，变形之后也就是 $\frac{1}{3}\times S\times(h\times 3)$，那么高就是原来的 3 倍。也就是说等底等积的圆柱与圆锥的高之比是 1 ∶ 3。

【**“评估—反思”技能培养说明：**通过设问：“这个圆柱是怎样变成这个高高的圆锥的？”层层的辨析，引发学生观察比较、计算分析、循证推理发现等积变形的规律，通过数形结合的表征使学生对有关结论理解通透，而且运用公式进行数学推理，进一步确证结论，有助于培养学生的求真品格和理性精神。】

3. 小组汇报，多元化推理结论

教师：刚才我们研究的问题（1）是等底等积，那么问题（2）是哪种情况呢？

学生：等高等积。

教师：独立想一想，用列式、画图或推理表示思考过程，再和小组交流。

小组汇报反馈：

学生 1：我是用列式计算的方法，高不变，体积不变，我用刚才的等底等积的方法推算，圆锥的底面积是原来的 3 倍，列式：$2^2\pi\times 3=12\pi$。

学生 2：我用了画图的方法，把圆柱换成 3 个等底等高的圆锥，再把它们并排靠在一起，就可以变成一个大圆锥。

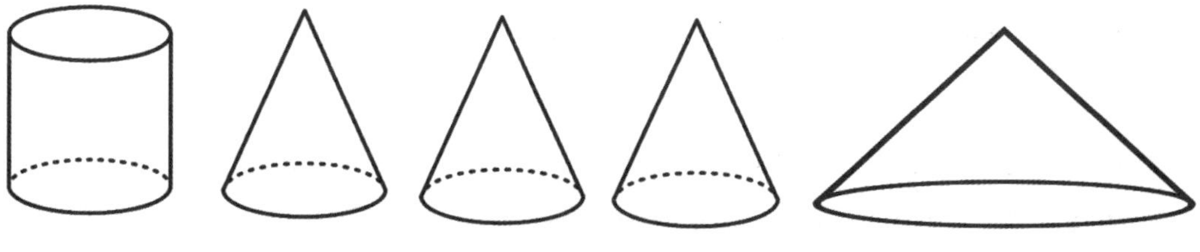

学生 3：我用公式进行推理。圆柱体积 $V=Sh$，等于一个圆锥体积 $V=\frac{1}{3}Sh$，再乘 3，即 $V=Sh=\frac{1}{3}\times S\times h\times 3$，变形之后也就是 $\frac{1}{3}\times h\times(S\times 3)$，那么底面积就是原来的 3 倍。也就是说等高等积的圆柱与圆锥的底面积之比是 1 ∶ 3[①]。

① 林俊 . 整合教材内容，建立结构化模型：“圆柱与圆锥体积关系（练习课）”教学新思考 [J]. 小学数学教师，2022（03）:62-68.

【“评估—反思”技能培养说明：学生先独立地“阅读信息，理解信息，分析信息”，然后通过方法的迁移进行类推，用计算、画图、推理的不同方法解决问题，在反馈中，学生结合图形，用数学的语言清晰表达出圆柱与圆锥之间的关系，在求知求真中，采用多元策略，不同的视角评估与论证，构建圆柱与圆锥的关系，真正实现深层的思考】

4. 拓展结论，多维度辨析优化

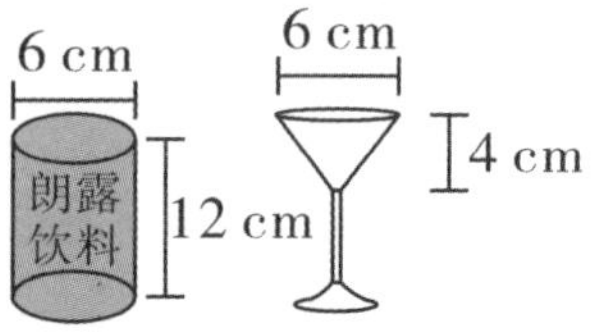

（灵活解决下面的问题）
每瓶饮料大约能倒几杯？
1. 独立思考，尝试完成。（计算、画图分一分、推算等方法）
2. 同桌互评，多维思辨。
3. 分享评估，优化策略。

（1）独立思考，尝试完成。

（学生尝试用计算、画图分一分、推算等不同的方法思考此题）

（2）同桌互评，多维思考（教师巡视，收集不同的解题方案）

（3）分享评估，优化策略

教师：刚才同学们用了不同的方法解决，我们一起来看看（出示收集到的解题方案），你看懂了哪种方法？并说一说你看懂什么。

学生 1：我看懂方法一，先算饮料的容积：$3.14\times(6\div2)^2\times12=339.12$，再算杯子的容积：$3.14\times(6\div2)^2\times4\times\frac{1}{3}=37.68$，最后算：$339.12\div37.68=9$（杯）。

学生 2：我看懂了方法二，用画图的方法，一瓶圆柱饮料相当于 3 杯等底等高的圆锥杯，再把一个圆锥杯分成 3 个高 4 厘米的圆锥杯，所以有 9 杯。

学生 3：我发现方法三相当于刚才方法二的画图过程 $12\times3\div4=9$（杯）。

学生 4：我结合画图，圆柱的高 12cm 可以分成 3 个 4 cm，这可以这样做 $12\div4\times3=9$（杯）。

教师：方法四，也算出来是9杯，这种方法有道理吗？

学生：我认为对的。

学生：我认为不符合要求，因为底面直径直接乘高是不符合要求的。底面直径相同，说明底面积相等，可以互相削掉。$12 \div 4 \div \frac{1}{3} = 9$

教师：同学们的方法真灵活，画图，计算都灵活解决问题，请同学回顾反思，在解决圆柱与圆锥的体积问题时，关键策略是什么？

学生：解决问题时，关键要思考，圆柱与圆锥的是等底等高、等底等积、等高等积，先判断题目是哪种关系，再根据关系，理清题目的信息进行解答。

学生：还可以结合图形理解题目，根据图形来解题。

【**“评估—反思”技能培养说明：**通过观察、比较、计算、画图、推理等进行辨别，异中求同，反思解决此类题的秘诀何在，关键找准等底等高、等底等积、等高等积之间的关系，问题就迎刃而解，点亮学生的心智，学生的批判性思维。】

四、回顾反思，拓展学习方法

教师：回顾这节课，你有什么新的收获？我们是怎么学习的？

学生：一开始，小组分享课前练习题成功之处和困惑之点，共同互评，寻找解题策略。

学生：独立解题，尝试质疑答案，从不同的角度分析，共同评估，分析答案。

教师：你们总结得真好！今天这节课我们在“自评共析、互疑共评、共悟共享”学习活动中，寻找答案，分析答案，优化答案。今后我们也要学着用这样的方法去解决数学问题。

【**“评估—反思”技能培养说明：**回顾学习过程，培养学生反思、评估、总结能力，学会学习，提升学习力，提高“评估—反思”能力，形成求真、反思的思维品格。】

附件：

《圆柱与圆锥的体积》讲评课（练习）

班别：__________ 姓名：__________

一、我会填

1. 一个圆柱的底面积是 40 dm^2，高是 6 dm。这个圆柱的体积是（　　　）dm^3；与它等底等高的圆锥体积是（　　　）dm^3。

2. 把 12 L 水装入一个圆锥形容器中，刚好装满。圆锥形容器的底面积是 12 dm^2，它的高是（　　　）。

3. 一个圆柱形油桶，从里面量，底面直径 4 dm，高 10 dm。这个油桶的容积是（　　　）。

二、我会选

4. 下图各圆柱，与左边圆锥的体积相等的是（　　　）。

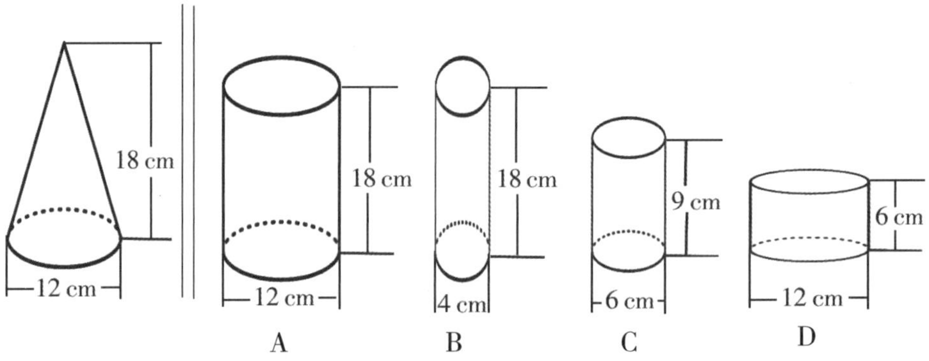

三、我会解决

5. 小生用一块 60 cm^3 的橡皮泥做一个圆柱和一个圆锥，而且它们的底面积和高都相等。圆锥的体积是多少？